Antón Toursinov
Prolegómenos a una estilística literaria

ANTÓN TOURSINOV

PROLEGÓMENOS
a una estilística literaria

EPISTEME
editorial

Clasificación:
410 – Lingüística
Autor: Toursinov, Antón.
Título: Prolegómenos a una estilística literaria
Ed.: Guatemala: Editorial Episteme, 2014 (4ª edición, corregida)
Descripción: 90 p.; 140x216 mm
ISBN: 978-9929-677-03-6
Temas: Lingüística; Estilística; Semiótica

Diseño y diagramación: Luis Alejandro Ramos

4a edición, corregida
© 2014, Editorial Episteme, Guatemala C.A.
© Antón A. Toursinov

ISBN: 978-9929-677-03-6

Impreso en los Estados Unidos de América

EL PRESENTE TRABAJO ES PARTE DE LA INVESTIGACIÓN REALIZADA CON LA BECA OTORGADA POR EL GOBIERNO DE MÉXICO A TRAVÉS DE LA SECRETARÍA DE RELACIONES EXTERIORES EN EL MARCO DEL PROGRAMA DE COOPERACIÓN CIENTÍFICA, CULTURAL Y DEPORTIVA ENTRE LOS ESTADOS UNIDOS MEXICANOS Y LA FEDERACIÓN DE RUSIA

ÍNDICE

Introducción.. 11

Capítulo 1. Estilística como ciencia lingüística y literaria.............. 13

Capítulo 2. Bases de la estilística de percepción......................... 19

2.1 Estilística de percepción como método de decodificación............ 22

2.2 El texto como el objeto del estudio estilístico............................... 32

Capítulo 3. Nociones claves de la estilística de percepción........ 41

3.1 Contexto.. 42

3.2 Cuantitación.. 45

3.3 Intertextualidad... 50

3.4 Función estilística... 53

3.5 Recursos expresivos de la lengua y medios estilísticos. Norma y
desviación de la norma.. 57

3.6 Tipos de la exposición.. 61

3.7 Teoría de las imágenes... 66

Capítulo 4. Análisis del cuento "Entonces" de Mario Calderón 71

Apéndice. Cuento "Entonces" de Mario Calderón...................... 81

Bibliografía... 85

Introducción

Los problemas del análisis del texto literario atraen cada vez más la atención de los filólogos. Durante el último siglo la ciencia literaria (Poética, Teoría literaria) trató de apartarse de la filología en general y de la lingüística, aunque muchos investigadores ya habían advertido sobre la necesidad de su unión más estrecha (de esto hablaban en los años 20 del siglo pasado Yuri Tynianov y Román Jakobson). La semiótica y la filología europea y estadounidense están tratando de estrechar las relaciones entre estas dos ciencias (lingüística y teoría literaria) ya que el estudio tanto de la lengua y lenguaje como de las obras literarias, que utilizan esta lengua, es imposible sin alguna de estas dos ramas filológicas. El área donde estas relaciones se unen más es precisamente el análisis e interpretación del texto artístico. En la actualidad existen varias escuelas en el mundo que tratan de resolver el problema de la crítica literaria buscando un camino más apropiado para llegar a la interpretación completa de la obra artística. Sin embargo, como ya se sabe, ninguna escuela analítica excluye las otras, al contrario, es posible, y así debería ser, que el crítico e investigador de la literatura busque la síntesis de todo lo existente en la ciencia. Para cada obra, género, corriente literaria o, incluso, para cada aspecto del análisis del texto debe buscarse el método (o síntesis de métodos) que más responda a las necesidades. Así, consideramos que cualquier avance en la materia de la crítica literaria, análisis e interpretación, deben tomarse en cuenta y deben aplicarse con tal de llegar a la comprensión más profunda de la obra literaria y de la literatura como arte en general.

En el presente trabajo se ofrece el concepto generalizado de la estilística literaria (estilística de percepción o de decodificación) que nació en los EE.UU y comenzó a aplicarse en Rusia y en Francia a partir de los mediados del siglo XX y cuyo objetivo principal ha sido la unión de la teoría literaria y de la lingüística para un mismo fin: la comprensión de la literatura.

La estilística es una materia limítrofe entre estas dos ciencias y, precisamente, ella se ha preocupado por la búsqueda de los métodos más completos de la interpretación de la obra artística. Hay que recordar que cualquier método, - sea literario, semiótico o filológico - está basado en el análisis del lenguaje la obra o del autor o en el análisis de otros aspectos, pero siempre a partir del lenguaje. Y todas las escuelas analíticas utilizan las herramientas basadas en la estilística tanto de la lengua como del habla.

La diferencia entre el método estilístico de otras escuelas consiste en que el primero parte del lector o receptor del mensaje (obra literaria) y no del escritor. A la estilística de la obra no le preocupa tanto la intención, que el propio autor supone al crear su obra, como lo que llega al lector. Así, el fin de este trabajo es demostrar de manera panorámica y a partir de los conceptos que no existen en otras escuelas, las herramientas de la estilística literaria y la posibilidad de utilizarlas en el proceso de la interpretación del texto literario.

La idea central del trabajo es la necesidad de la decodificación de un mensaje artístico (texto) desde el punto de vista del lector. Se aplican también los alcances de las investigaciones de otras materias no filológicas (teoría de información, matemáticas) y sus conceptos, además de ofrecer la posibilidad de incluir los métodos de la estilística de decodificación en otros tipos del análisis literario y semiótico del texto artístico y, como ejemplo de aplicación, en el tercer capítulo, se presenta el análisis estilístico del cuento "Entonces" de Mario Calderón.

Para la presente edición fueron reescritas algunas partes del texto, corregidas las erratas y fue revisada y corregida la bibliografía.

Capítulo 1.
Estilística como ciencia lingüística y literaria

Actualmente la estilística suele ser dividida en la estilística lingüística y la estilística literaria, además, existen varias variantes de su unión y la primera puede servir de base para la segunda. Para el estudio de la estilística de percepción son necesarias ambas. Ellas se hacen dos aspectos de un mismo problema y hay que saber ver no sólo la diferencia sino también la unidad entre ellas. La estilística lingüística cuyos principios fueron elaborados por Ch. Bally, compara la norma nacional con los subsistemas peculiares, característicos para distintas esferas de comunicación, llamados estilos funcionales y dialectos (en este sentido la estilística lingüística se llama estilística funcional) y estudia los elementos de la lengua desde el punto de vista de su capacidad de expresar y provocar emociones, asociaciones adicionales y calificación.

Uno de los métodos más importantes y básicos de la estilística lingüística es el método de identificación, propuesto por Ch. Bally (1964), que consiste en la comparación del elemento estudiado del texto con el elemento que le es lógicamente equivalente pero estilística y emocionalmente neutral. Sin embargo, Ch. Bally usaba este método solamente para la estilística lingüística ya que trataba la estilística literaria con el escepticismo.

La rama estilística que se desarrolla más rápido es la estilística comparativa que estudia paralelamente las capacidades estilísticas de dos o más lenguas. Ya que la estilística comparativa está relacionada con la traducción literaria, no puede ser aislada de la estilística literaria al igual que la estilística de percepción.

La estilística literaria estudia el conjunto de los medios de expresión artística característicos para una obra literaria, un autor, una tendencia literaria o una época entera, y los factores de los cuales depende la expresividad artística. Existen varios trabajos de los analíticos de literatura dedicados al sistema estilístico y el lenguaje de Shakespeare, Carlos Fuentes, Sor Juana, Byron, García Lorca, etc., etc. Dado que la abrumadora mayoría de estos análisis está dedicada al estudio de los textos literarios, la estilística forma parte de la poética y teoría literaria.

La división en la estilística lingüística y literaria parcialmente coincide con otra división: en la estilística de la lengua y del lenguaje (o del discurso). La estilística del discurso estudia no sólo obras artísticas sino las obras discursivas en general. La diferencia principal entre estos dos tipos de la estilística consiste en que la estilística lingüística estudia los medios expresivos de la lengua, mientras que la estilística literaria – las peculiaridades del uso de estas posibilidades por tal o cual autor, tendencia o género.

La estilística literaria, estudiando los medios lingüísticos y otros de la imagen literaria-artística es, al igual que la poética, parte de la teoría literaria y ocupa un lugar importante en la historia de la literatura. La literatura artística es estudiada no sólo por la estilística sino, ante todo, por la historia y teoría de la literatura, además de la estética, sicología y otras ciencias. Cada una de ellas tiene sus propios objetivos específicos, su enfoque, sus métodos de estudio, pero cada una de ellas utiliza o debe utilizar los resultados obtenidos por las demás. La interpretación de la obra artística con ayuda de las tres disciplinas humanísticas - poética, historia y lingüística - permite descubrir los fundamentos social-históricos y social-ideológicos de las peculiaridades estilísticas individuales. Al describir el lenguaje y el estilo de la obra artística, la estilística se basa en el estudio de la vida social del período cuando esta obra fue escrita, del país, donde fue creada, de la cultura y la lengua de la época.

El objetivo de la estilística literaria es la penetración profunda en el método creativo del autor y en la peculiaridad de su maestría individual. Con todo esto, el análisis estilístico y la síntesis estilística posterior no deben reducirse hasta los posibles comentarios históricos, genéticos u otros. El comentario es necesario, pero no sustituye el estudio de la propia obra como una unidad ideo-artística. Diferentes autores proponen diferentes métodos de la división de la estilística lingüística y de la estilística literaria. Aquí nosotros vamos a tener en cuenta la división tradicional según los niveles, es decir: la estilística léxica, gramatical y fonética. Esa división horizontal debe estar complementada con los problemas generales: descripción de los estilos funcionales, teoría de las imágenes, teoría del contexto y métodos contextuales de la exposición, estudio del problema de la norma y la desviación de la norma y algunos otros.

La división en los niveles está justificada porque la lengua, siendo el medio más importante de la comunicación, se representa el sistema semiótico complejo en el cual se destacan varios subsistemas o niveles cada uno de los cuales posee su propia unidad básica, su especificidad, sus categorías. Los niveles están relacionados entre sí y no pueden funcionar independientemente. Entre las unidades de un mismo nivel existen las relaciones distributivas y las reglas de codificación que determinan su compatibilidad. Entre las unidades de los niveles vecinos las relaciones resultan integrativas: las unidades de cada nivel inferior sirven de base para las unidades del siguiente nivel. En la lingüística contemporánea no existe la unanimidad en cuanto a la clasificación, nomenclatura y cantidad de estos niveles pero la misma subdivisión en los niveles no se cuestiona y en la estilística se conserva la división más aceptada.

Al nivel léxico le corresponde la estilística léxica que estudia las funciones lingüísticas del léxico y la interdependencia de los significados directos y figurativos. La estilística léxica, tanto en la estilística literaria como en la estilística lingüística, estudia distintos componentes de los significados contextuales de las palabras y, sobre todo, su potencial expresivo, valorativo y emocional y su relación con diversos planos funcional-estilísticos. Las palabras dialectales, términos, jerga, palabras y modismos coloquiales, neologismos, arcaísmos, préstamos léxicos etc., etc. se estudian desde el punto de vista de su actuación en el contexto literario. En la estilística se aplica no sólo la lexicología descriptiva sincrónica sino también la lexicología histórica, precisamente porque algunos autores utilizan los significados antiguos de las palabras, en este caso los datos etimológicos ayudan a descubrir más pleno la expresividad del texto. La estilística léxica también se ocupa del potencial expresivo de algunos modelos de derivación léxica, algunos tipos de las abreviaciones, modelos poéticos, etc. Cada uno de los apartados de la lexicología puede dar los datos muy útiles para la estilística. El papel muy importante en la estilística lo desempeña el análisis de la fraseología y de los proverbios. La estilística gramatical se subdivide en la morfológica y la sintáctica. La primera estudia las posibilidades estilísticas de diversas categorías gramaticales propias para tal o cual parte del discurso. Aquí se estudian, por ejemplo, las posibilidades estilísticas del número gramatical, las oposiciones en el sistema de los pronombres, los estilos del nombre y del verbo, la relación entre el tiempo literario-textual y el tiempo gramatical, etc.

La estilística sintáctica investiga las posibilidades expresivas del orden de las palabras, tipos de las oraciones, tipos de las relaciones sintácticas. Esta rama tiene su historia y bastantes estudios. Aquí ocupan un lugar muy importante así llamadas figuras del discurso: figuras sintácticas, estilísticas o retóricas, es decir, construcciones sintácticas que añaden la expresividad al discurso. También la estilística sintáctica aborda el estudio de cualquier unidad textual cuyas dimensiones son más extensas que una oración. Se presta mucha atención a la forma del discurso y al modo de expresión de los personajes: diálogo, discurso indirecto, discurso interior, corriente de conciencia y otras cuestiones limítrofes entre la estilística y la teoría del texto.

La fonoestilística o estilística fonética incluye todos los fenómenos de la organización sonora de la poesía y de la narrativa: ritmo, aliteración, onomatopeya, rima, asonancia etc. Estos fenómenos se estudian en su relación con el problema del contenido y de la forma sonora, es decir, la presencia de la función estilística. También podemos incluir la pronunciación fuera del modelo estándar con el fin de mostrar el efecto cómico o satírico o para mostrar el lenguaje específico de tal o cual lugar dialectal. Las reglas artísticas de la forma sonora de la poesía se estudian desde hace mucho tiempo, existe una vasta literatura y una cantidad importante de teorías. La estilística se ocupa principalmente de la eufonía y de la métrica de las obras poéticas.

En este trabajo se trata de la estilística en su relación con la literatura y el análisis o interpretación del texto, por eso aquí tenemos que mencionar y enfocarnos en los problemas de la teoría literaria para poder llegar a entender el concepto del análisis del texto artístico. De este modo, nos vemos obligados a mencionar y a tener en cuenta los niveles que se estudian por la teoría literaria. Los acontecimientos, ideas, caracteres, paisajes y otros componentes de cualquier obra literaria se expresan por medio de las palabras y enunciados u oraciones, de otra manera no se pueden presentar. Para la interpretación del texto literario, el especialista debe tener la preparación lingüística y sobre todo estilística. Se puede analizar cualquier texto literario solamente teniendo en cuenta su base lingüística, y, como cualquier obra de arte, sin mezclar y confundirlo con los hechos presentados en el texto. Ya que las ideas y sentimientos del autor se codifican por medio del lenguaje, así, en el proceso de decodificación se ha de apoyar en los hechos lingüísticos. Los teóricos de la literatura estadounidenses R. Wellek y A. Warren, dicen: "La lengua es literalmente el material para el escritor. Cada obra literaria es en realidad una obra de esta lengua, al igual que una escultura de mármol puede verse como una roca de mármol de la cual quitaron algunos pedazos" (Wellek, Warren; 1962, p. 177).

Capítulo 2.
Bases de la estilística de percepción

El problema del análisis del texto literario está relacionado con el enfoque en la interpretación del texto, es decir, la elección del punto de vista desde el cual el texto se estudia como un mensaje transmitido. El análisis estilístico puede realizarse concentrando la atención o en las fuerzas del proceso artístico del autor, es decir, enfoque del autor, o en la percepción del propio texto por el lector. El primer enfoque corresponde a la estilística literaria tradicional, también puede llamarse genético. El segundo se presenta en la estilística de percepción.

La diferencia entre los objetivos de la estilística de autor y la de percepción también consiste en que la primera está interesada más en los autores que en sus obras estudiando la obra como una cierta secuencia cuyas razones deben ser encontradas. La estilística de percepción y, como consecuencia, el método de decodificación, estudian el texto literario como una fuente de impresiones del lector.

El académico ruso Yuri Stepanov llama estilística de percepción el análisis literario-lingüístico desde el punto de vista del receptor del mensaje o discurso (Stepanov; 1965. pp. 284-298). Está menos elaborada que la estilística de autor, es decir, del emisor del discurso, sin embargo, tiene una importancia significativa para la interpretación del texto.

Para ofrecer una interpretación argumentada de las intenciones del autor hay que saber y conocer bien el ambiente literario, cultural, social y político de la época, además de las obras restantes del mismo autor, su biografía personal y artística. Todo eso forma parte de la historia de la literatura: en ella el análisis estilístico equivale sobre todo al análisis de autor.

No obstante, aun teniendo vastos conocimientos del carácter arriba mencionado, las adivinanzas y suposiciones del autor tipo "el autor quiere decir", "el autor quiere mostrar", "este personaje es introducido con el fin…" etc., a menudo llevan a las valoraciones muy superficiales y poco profundas. Incluso el propio autor no siempre es capaz de demostrar o dar a conocer los datos precisos sobre sus intenciones. La estilística de decodificación se ocupa de la obra y no de las intenciones del autor o su biografía. René Wellek y Austin Warren consideran que en los casos cuando disponemos de los testimonios de los contemporáneos o aun de lo dicho del propio autor, esos datos, a pesar de que sí hay que tenerlos en cuenta, no deben ser indispensables para el lector moderno, hay que considerarlos críticamente en relación con la misma obra literaria:

Las intenciones del autor pueden superar significativamente lo que éste crea en una obra de arte terminada: pueden ser la manifestación de los planes e ideales y su interpretación puede no coincidir con los planes o no lograrlos. Si pudiéramos entrevistar a Shakespeare, a lo mejor no estaríamos satisfechos con sus explicaciones sobre las intenciones que había tenido al escribir "Hamlet". Con justa razón insistiríamos que encontramos en "Hamlet" (precisamente encontramos y no inventamos) los pensamientos que el propio Shakespeare no se formulaba conscientemente… La diferencia entre la intención consciente y el resultado de la obra suele ser un fenómeno habitual en la historia de la literatura. (Wellek, Warren; 1956. p. 148-149)

Para la estilística de autor el estudio crítico del trabajo del escritor, sobre el lenguaje de sus obras, estudio del vocabulario introducido por él y el examen estático de su léxico desempeñan el papel no menos importante que sus ideas y pensamientos acerca del arte literario expresados en sus cartas, diarios, artículos críticos. El contenido de la obra se expresa en un complejo de sus elementos, en su sistema. Pero la significación de la obra de arte no puede ser estudiada de manera aislada de la realidad en la cual había surgido. El análisis estilístico del autor exige no sólo saber los hechos de la biografía artística del autor, génesis de su obra, conocer la época en la cual el autor creó la obra y la época descrita en ella sino toda la historia de la literatura. La obra literaria se compara y se correlaciona con todo lo que se había creado antes, se valora en el marco de las tradiciones estético-literarias. En la estilística de percepción la atención se concentra no en el autor sino en el resultado de su creación, en cómo el texto influye en el lector, es decir, en quien lo analiza. En realidad, la obra literaria se realiza en la conciencia, en la percepción del lector. El proceso del desarrollo cultural de la sociedad es un proceso de dos rumbos, dos sentidos. No es solamente la creación de los valores culturales sino también su elaboración y entendimiento por parte de los lectores, espectadores, etc., es decir, se requiere su colaboración. El principio de la relación inversa desempeña en este proceso el papel muy importante.

La relación inversa es una noción muy importante para la teoría de la comunicación que caracteriza la dinámica de las relaciones entre los sujetos. En su esencia es cualquier tipo de la señal inversa, que demuestra la eficacia de comprensión por parte del receptor, señal que regresa al emisor y corrige su acción posterior. Pero el lector no existe fuera de tiempo y de espacio. Cada cultura, cada época, cada período en la historia de la cultura y, por fin, cada lector tiene sus propias tendencias críticas y sus exigencias, su percepción del arte de los escritores.

Dentro de la misma época el proceso es bilateral: el escritor reacciona ante las exigencias de su tiempo y trata de hacer coincidir su arte con la época. Dentro de las épocas y culturas diferentes aumenta el papel del lector y su actividad artística. Leer a Cervantes con los ojos de Cervantes no podemos y no debemos. El lector contemporáneo tiene sus exigencias para el arte del pasado, utiliza sus criterios de valoración que se diferencian de los que existían en la época cuando la obra fue creada y de las épocas que se extienden desde la creación de la obra hasta la actualidad, hasta el tiempo de la lectura de la obra. Eso no significa que lo pasado de la cultura es indiferente para la percepción moderna: los logros anteriores de la cultura se acumulan en su estado actual pero la lectura de los escritores pasados a la manera moderna, conforme con la experiencia y sentimientos de cada generación, es natural. Claro que esta lectura debe ser precisamente la lectura y no la interpretación e imaginación libre. El lector en su conciencia reproduce el texto y no lo crea de nuevo.

La estilística de percepción como la base teórica de la interpretación del texto enseña prestar atención a las relaciones dentro del texto, hacer caso a los fenómenos que un lector puede perder o no notar, lo hace tener su propia opinión acerca del texto. La posible subjetividad se disminuye si el lector sabe encontrar en el texto las pruebas lingüísticas para sus dudas. El significado de la estilística de percepción está relacionado más que nada con las exigencias de la creación de la cultura de la lectura.

Comparando las oposiciones entre las estilísticas lingüística y literaria, la estilística de autor y la de percepción, hay que prestar atención a que los primeros miembros de las oposiciones, es decir la estilística literaria y la de autor, casi coinciden. En relación con la estilística lingüística y la estilística de percepción el asunto es algo diferente: la estilística de percepción tiene que tener en cuenta tanto la estilística literaria como la lingüística porque para la interpretación del texto es importante el contexto exterior e interior. Por lo tanto, el método de decodificación se enfoca más en los segundos miembros de la oposición (estilística lingüística y estilística de percepción).

2.1 Estilística de percepción como método de decodificación

La aplicación de la teoría de la información a los problemas lingüístico-literarios y a la estética últimamente viene creciendo. Esta rama científica incluye todas las áreas de conocimiento, tanto las ciencias naturales y exactas como las humanas. Para demostrar por qué la estilística de percepción puede estudiarse como el método de decodificación, es necesario detenerse en algunas nociones básicas de la teoría de la información y sus analogías en la estilística.

El valor de los conceptos de la teoría de la información para las ciencias humanas consiste en que aquellas permiten ver lo común en los fenómenos que a primera vista parecen totalmente distintos, resolver los problemas fundamentales de la transmisión de diversos tipos de la información en su aspecto más general y describirlos en el sistema único de los términos y nociones. Todo eso permite enriquecer mutuamente las áreas científicas lejanas entre sí hasta ahora y, como es sabido, el progreso científico avanza a costa de dos procesos opuestos: la mayor diferenciación de cada ciencia y su integración con las demás ciencias. Resulta que precisamente en el límite de las ciencias es posible lograr los resultados más interesantes y actuales. No es difícil ver que lo común del aparato conceptual ayuda a este enriquecimiento mutuo, y la barrera terminológica lingüística impide está retroalimentación. Los procesos informativos de cualquier naturaleza se estudian con ayuda de la teoría de la información en muchas ramas científicas, sin embargo, antes de detenernos en las analogías útiles en la interpretación del texto artístico recordemos que el creador de la teoría de la información Claude Shannon advertía evitar el abuso de las analogías. En su artículo "Bandwagon" Shannon escribe que durante los últimos años la teoría de la información se ha convertido en un "Bandwagon" de la ciencia (así llamaban en los EE.UU los partidos políticos que realizaban las campañas electorales populistas). La teoría de la información como "una bebida embriagante de moda hace marear a todo el mundo", "la búsqueda de las vías de aplicación de la teoría de la información en otras áreas no es un traslado trivial de los términos de una ciencia para la otra. Esta búsqueda se realiza durante un largo proceso de exposición de nuevas hipótesis y su aprobación experimental" (Shannon; 1963, p. 5).

Recordando estas palabras, antes de utilizar la terminología, es preciso entender su significado. En este capítulo se verán las nociones de información, código, codificación, mensaje, señal, sistema de la emisión de la información, cuantización, tesauro y algunas otras.

El significado terminológico del concepto de información es más amplio que el habitual. Estamos acostumbrados a aceptar esta palabra como la cantidad de los datos comunicados a alguien. En la aceptación científica actual, la información es el contenido interno del proceso del reflejo de las peculiaridades de unos objetos de la realidad como el cambio de las peculiaridades de otros objetos (Buga; 1968, pp. 7-10). Eso quiere decir que la información es la huella que deja un fenómeno sobre otro. La transmisión y recepción de la información están basadas en la particularidad más importante de la materia – el reflejo. Este puede ser ordenado o caótico. En los procesos informativos que suceden con la participación del hombre, por ejemplo, sistemas cibernéticos o sistemas complejos adaptativos los cuales son los procesos de la creación y percepción artística, que nos interesan, la información se caracteriza por el reflejo ordenado.

La influencia de la obra literaria en el lector puede ser comparada con los procesos cibernéticos ya que la cibernética es considerada como la ciencia que se ocupa del estudio de los sistemas ordenados. Los valores estéticos en su función cognitiva enriquecen al lector, lo transforman como la personalidad, influyen en su comportamiento, es decir, pueden aceptarse como sistemas ordenados. El referirse a estas nociones no significa la deshumanización de la estilística o su transformación en una ciencia exacta, sino es muy útil ya que permite utilizar nuevas relaciones y nuevos conceptos.

La estilística de percepción, apoyándose en la teoría de la información, está interesada ante todo en la influencia emocional e ideal de la literatura, en las preocupaciones e inquietudes que la obra literaria puede provocar en el lector. El sistema autor – libro – lector es un sistema de la transmisión de la información. La transmisión de los pensamientos y sentimientos del autor al lector sucede con un intervalo significante de tiempo y de espacio.

Aunque a Shannon le interesaba la información de otro tipo (no semántico), el esquema de la comunicación (conexión) propuesto por él conviene a la situación que nos interesa, sólo que es necesario establecer la analogía entre las etapas del esquema en ambos casos y también su especificidad. Según Shannon, el esquema de la comunicación está constituido de cinco partes esenciales: 1) la fuente de información que crea el mensaje o la secuencia de los mensajes que han de ser transmitidos; 2) el emisor que elabora de cierto modo el mensaje en las señales que corresponden a las características del canal; 3) el canal, es decir, el medio que se utiliza para la transmisión de la señal del emisor al receptor; 4) el receptor que realiza la operación inversa respecto a la operación que realiza el emisor, es decir reconstruye el mensaje por las señales; 5) el destinatario es la persona (o máquina) a quien está dirigido el mensaje.

En los trabajos, tanto técnicos como lingüísticos y estilísticos, existen muchas variantes de este esquema, no es necesario mencionarlos todos aquí, pero sí demostrar la aplicación del esquema de Shannon para los objetivos propuestos.

El primer componente del esquema, fuente de información, es la realidad que rodea y en la que vive el escritor. El escritor puede ser el segundo elemento del esquema, ya que él elabora esta información y la codifica, reconstruyendo la realidad en las imágenes artísticas, y las organiza de tal modo que obtienen la capacidad de influir en los pensamientos, ideas, sentimientos del lector, es decir, cambiar peculiaridades de otros objetos. El canal de la transmisión de la información en nuestro caso es la literatura: narrativa y poesía. El cuarto componente del esquema – receptor, que reconstruye el mensaje por las señales – es el lector. Ya que la obra literaria no es destinada a un solo lector sino a la sociedad, entonces el verdadero destinatario de la obra será la realidad social en la que convive el lector.

La fuente primordial de información es la realidad que rodea al escritor. De todo el complejo de los problemas filosóficos, morales, políticos, etc., y de los hechos de la vida, el autor escoge sólo los que quiere transmitir al lector comunicándole también su actitud emocional hacia estos problemas o hechos. De esta información que el escritor obtiene gracias a su experiencia de vida, éste selecciona el material, lo comprime y lo codifica. Su maestría en el dominio de los códigos le permite transmitir la información sin interferencias. Ya que el sistema en sí permite transmitir cualquier mensaje, la misma selección de los fenómenos y problemas en el texto literario ya es hecho artístico. La información se transforma dentro de la composición de la obra, del sistema de las imágenes, de los caracteres, ambiente, fábula y se codifica con ayuda de los medios lingüísticos de tal manera que el mensaje obtiene su forma léxica y gramatical.

La fuente de información también puede dividirse en la realidad existente y el modelo de esta realidad - en la conciencia humana transformada por el autor en la realidad artística. Ésta se puede reflejar en el texto tanto de modo explícito como implícito. Se transmiten sólo los cuantos de información por los cuales el lector reconstruye lo entero.

El código presenta el sistema de los signos y las reglas de su unión para la transmisión de la información por medio de un canal determinado. La lengua natural es el código esencial pero no único para la literatura. Otros códigos desempeñan los papeles secundarios y se transmiten en la literatura a través del código lingüístico. Tales, por ejemplo, son los códigos de las costumbres, simbólicos, etc., propios para la poética, y los códigos de otros tipos de arte. Cabe destacar que en la determinación del código propuesta no se trata de si este sistema deba ser natural o artificial, complejo o simple, primario o secundario, si se cambie o no. En realidad, existen también otros códigos naturales bastante complejos, por ejemplo, el biológico, genético, el código de las combinaciones químicas, etc.

La naturaleza social de la lengua no la aleja de los códigos artificiales, por ejemplo, del código de las señales de tránsito que también surgió para las necesidades sociales. En cuanto a lo primario o secundario del sistema, podemos estar de acuerdo con quienes afirman que las lenguas naturales son sistemas primarios (a pesar de que el psicólogo Iván Pavlov los denomina el segundo sistema de señales), sin embargo, existen sublenguas especiales

(discursos) que respecto a la lengua serán sistemas secundarios.
Así, a pesar de que cualquier lengua históricamente suele cambiar y tiende a "acostumbrarse" a los mensajes que se transmiten con su ayuda en el mundo, a pesar de que es un sistema complejo y está bajo la influencia social y puede aceptarse como el sistema de signos primario, se le puede denominar código. Los códigos, que conoce el lector, y su tesauro, es decir, capacidad de su memoria, no coinciden con los del autor. Es natural. Si ellos coincidieran, el texto no representaría nada nuevo para el lector, no se podría considerarlo artístico. En el caso contrario, si se diferenciaran completamente, el lector no entendería nada.

El conjunto de las peculiaridades de la fuente reflejadas en el período determinado se llama mensaje. Para la estilística el mensaje es el texto de la obra literaria para analizar o un fragmento de esta.

El proceso de tiempo, que refleja el mensaje, se llama señal. En la literatura la señal se realiza en un complejo de los medios fonéticos, léxicos, morfológicos, sintácticos y gráficos y tiene lugar en el proceso de la lectura, comprensión e interpretación. La cibernética aportó mucho en el concepto de la naturaleza material de la señal, mostrando que el efecto de la señal es incomparablemente más grande que su propia energía. La señal funciona no con sus propiedades materiales o energía sino con su significación informativa.

Lo mismo se puede aplicar a la literatura. Una poesía corta o un soneto pueden ser más enriquecedores y provocar la reacción más emotiva que una novela inmensa. De esta manera, el canal de la transmisión de la información (el tercer elemento del esquema) es la literatura.

La teoría de la información distingue los canales ideales (sin interferencias) y los canales con ruidos. Los primeros transmiten al otro extremo el mensaje sin interferencias, en este caso la decodificación es invariable. La literatura es un canal en el cual las interferencias son inevitables y no puede existir una decodificación invariable.

Los cambios social-históricos y culturales, por medio de los cuales el texto llega hasta su lector (el cuarto elemento del esquema) a través del tiempo y espacio, indispensablemente de alguna manera transforma el texto. Es más, la obra literaria se caracteriza por las múltiples opciones de las interpretaciones y comprensiones ya que los códigos y el tesauro del receptor siempre es distinto al del emisor: el lector no puede ser cultural, intelectual y emocionalmente igual al autor del texto.

La diferencia de los métodos artísticos de los autores exige el distinto grado de la actividad del lector. El lector percibe el texto a base de su propia experiencia, dependiendo de la capacidad de su memoria, de su tesauro. La capacidad de la memoria del decodificador influye notablemente en el proceso de la decodificación. El término memoria se entiende en este caso en un sentido más amplio que en la psicología. Por eso a veces lo sustituyen por *tesauro* lo que también es algo incómodo debido a su polisemia.

La memoria es toda la información que ha tenido el lector antes de leer el texto y está formada por los sentimientos propios del lector, sus rasgos genéticos y sobre todo la experiencia estética, es decir, las asociaciones con la percepción de otras obras artísticas. La profundidad de la percepción de cualquier nueva obra y la correlación del mensaje recibido con el enviado se determinan por todo el conjunto de las lecturas anteriores y por las aptitudes creadas de la penetración en las ideas del texto.

Durante la transmisión, surgimiento y almacenamiento la señal experimenta los impedimentos que se llaman ruidos o interferencias. En distintos sistemas las interferencias pueden tener distinta forma: ruido en el auricular telefónico, rayas en la pantalla de televisión, erratas en el texto – todo esto son las interferencias. Para el sistema que estamos viendo y analizando en la estilística el proceso de la transmisión de la señal es la lectura y las interferencias están relacionadas más que nada con el tesauro del lector: desconocimiento de algunos elementos léxicos o gramaticales, percepción aislada de los elementos, no tener en cuenta el contexto o incomprensión de las alusiones, etc.

El proceso de la decodificación en el sistema autor – lector
consiste en múltiples transcodificaciones ya que en la obra literaria hay varios o muchos niveles correlacionados de tal modo que
cada posterior es el contenido del anterior (de eso ya se ha ha-
blado arriba). El proceso de la comprensión, es decir, de la interpretación interna del texto por parte del lector, se realiza como el
proceso de la confirmación o negación de las hipótesis, rechazo
de las que no sirven y la elaboración de las comprobadas.
Decodificando el mensaje del texto literario, el lector no
puede ser sólo observador pasivo. Debe explicar y valorar, comparar la información en curso con la obtenida antes, de esta manera, obteniendo la información el lector simultáneamente la elabora. La formación de la actitud hacia la realidad se realiza no
sólo como la aceptación de las ideas del escritor sino también
como una discusión mental con el escritor. Durante la lectura se
decodifica no sólo el sentido de la fábula del texto sino también
su contenido emocional-estético.

Es necesario subrayar una vez más la importancia de entender
la idea del texto como la unión de los pensamientos, afirmaciones
y emociones inseparable en la obra artística de sus peculiaridades
estructurales. La correlación entre el contenido material lógico
de la información y las emociones que ésa puede provocar en el
lector, hace de la emotividad de la obra la portadora de información que deja posibilidades para la concretización pero que al
mismo tiempo es estéticamente efectiva. Es decir, el contenido
ideo-temático de la obra no es simplemente las afirmaciones expresadas en el texto sino posee de la esencia emocional y de imágenes e influye en el lector provocando y desarrollando en éste
unas emociones y aspiraciones y superando otras (Gukovskiy;
1966, p. 101).

Las ideas e imágenes de la literatura artística no sólo reflejan
lo que sucede en el mundo sino también influyen o tratan de influir en la sociedad y en el comportamiento de los miembros de
esta sociedad. El grado de la influencia de la obra literaria en el
lector es individual pero siempre depende de la preparación del

lector. Es el último elemento del esquema: vida social y la realidad que rodea al lector, y la necesidad del desarrollo de las fuerzas artísticas de la personalidad conforme los objetivos de la época. La peculiaridad esencial de los problemas informativos de la estilística son los rasgos de la información artística que le representan el mayor interés y que no pueden ser medidos.

La estilística de percepción se basa en la teoría de la información no en el sentido del uso de la medida cuantitativa de la información sino desde el punto de vista de sus ideas comunes y la utilidad heurística. Es que el volumen de la información en el mensaje se estudia por la teoría de la información como una función de la cantidad de los mensajes alternativos posibles.

El contraste entre el más posible (significante tradicional) y menos posible (definido por situación) expone los elementos determinados del texto como más importantes, subrayándolos y creando una jerarquía determinada de los significados dentro del texto. Entre tanto, el rasgo más importante del estilo, según Riffaterre, es precisamente la necesidad de destacar unos elementos y apartar otros. Para el escritor, crítico literario y teórico de la literatura son importantes ambos términos de la conexión (emisor y receptor), sin embargo, se presta más atención al primero. Lo que les importa más es cómo y por qué se escoge tal o cual información y cómo esta información se codifica por medio de los recursos lingüísticos. Para la preparación del lector y de la cultura de lectura hay que estudiar e investigar el proceso reverso: la decodificación y las posibles causas de la mala comprensión del mensaje. De esta manera, la estilística de percepción se ocupa del receptor del mensaje. Utilizando cualquier enfoque para el análisis, el lector debe ver y entender la unidad interior de todos los elementos del texto que están subordinados al mismo objetivo artístico. La estilística no abastece al lector con las opiniones ya hechas y las conclusiones valorativas que evitarían que el lector percibiera artísticamente las obras literarias.

El análisis estilístico de la literatura ayuda a entender la correlación y unidad del contenido y los medios lingüísticos con ayuda de los cuales aquél se expresa. Eso exige el entendimiento más amplio del término nivel, en comparación con el dado arriba. En este sentido más amplio el nivel es un grado jerárquico en la organización de la forma y del contenido del texto. En este enfoque la obra literaria puede estudiarse en los siguientes niveles, enumerados de modo que cada anterior resulta ser contenido del posterior, y cada posterior es forma para el anterior:

1. El contenido ideo-temático de la obra literaria: todo complejo de los problemas filosóficos, morales, sociales, políticos, sicológicos y otros y los hechos de la vida y acontecimientos que son presentados por el autor, además de las emociones que se provocan por esos hechos e ideas.

2. La composición y el sistema de las imágenes en las cuales se descubre el contenido: fábula (diégesis, trama, argumento), caracteres, ambiente. La expresión "se descubre" es a la cual estamos acostumbrados, pero no es precisa. En realidad, en este nivel se realiza la compresión de la información obtenida de la vida.

3. La expresión léxica y gramatical del sistema de las imágenes: los medios del lenguaje y de la lengua, los medios retóricos. En este nivel continúa la compresión de la información y su codificación.

4. El lado sonoro del texto y su presentación gráfica, es decir, otro nivel de codificación.

Este orden de los niveles corresponde al orden del autor, el lector utiliza el camino inverso. Éste transforma mentalmente los signos gráficos en el discurso sonoro, después en las palabras ordenadas gramaticalmente, después en las imágenes, sentimientos e ideas y se aproxima al orden de las ideas de la obra y a su valoración desde el punto de vista de la actualidad y de su percepción del mundo.

Los niveles tercero y cuarto necesitan, para ser decodificados, la base científico-lingüística. Esta base ha de ser muy específica, con el lugar importante de la lexicología y de la sintaxis. La morfología, fonética, etimología, dialectología también pueden resultar necesarias. El lenguaje del texto se compara con la norma de la lengua, distintos estilos funcionales, dialectos y otros subsistemas de la lengua. La función estilística de un elemento lingüístico en el texto puede ser reconocida sólo sabiendo su diferencia o concordancia con la norma lingüística. Es cuestión de la estilística lingüística.

Es necesario subrayar que en el texto todos los niveles existen en su unidad. Entre los niveles estudiados por la lingüística y por la teoría literaria para el lector no puede haber un abismo. Los niveles están relacionados estrechamente, tanto la estilística lingüística como la literaria estudian los elementos lingüísticos con el contorno de lo que los rodea, pero para la estilística lingüística es más importante el contorno paradigmático y el papel del elemento dado en el sistema de lengua, mientras que la estilística literaria se enfoca en el contorno sintagmático y el papel del elemento en la estructura del texto.

La teoría estilística, que se presenta en este trabajo, se enfoca en la interpretación del texto y tiene sus objetivos, sus problemas que sintetizan los objetivos y problemas tanto de la estilística lingüística como de la literaria. En adelante tenemos que tener en cuenta ambos tipos de las relaciones.

2.2 El texto como el objeto del estudio estilístico

Una de las ideas centrales de la estilística de decodificación dice que el objeto de la investigación estilística debe ser el texto íntegro. Los métodos estilísticos, tipos de exposición, los planos funcional-estilísticos del léxico y otras cuestiones de este tipo forman parte de la estilística de la decodificación no como objetivo sino como la segmentación de toda la tarea en general en sus componentes lo que es necesario en cualquier conocimiento científico.

La cantidad de los trabajos dedicados a la teoría general del texto viene creciendo, el texto y su teoría ocupan un lugar significativo en la lingüística, no obstante, crece la cantidad de las cuestiones a discutir. No está claro, por ejemplo, qué podemos considerar el factor determinante del texto que lo separa de otros factores del habla. ¿Cuáles son los límites del texto? ¿Si se determinan por el tamaño? ¿Si es la escritura el rasgo importante del texto? ¿Cuáles son las relaciones del texto con otras unidades y niveles de la lengua? Tenemos que detenernos en todas estas cuestiones.

En primer lugar, hay que establecer la relación entre el texto y otras unidades de la lengua: fonema, morfema, palabra, oración. ¿Se puede considerar que en la lengua existe un nivel textual y el texto sea unidad de este nivel? Por lo visto, este esquema de los niveles está justificado. Arnold (2002, pp. 54-55) considera que

... en la lengua cada nivel posterior tiene los elementos que consisten en los elementos del nivel anterior: los fonemas se unen formando morfemas; los morfemas se unen en las palabras; las palabras – en las oraciones y éstas en el texto. Se podrían agregar los niveles intermedios opcionales, tales como el nivel del sintagma y unidades fraseológicas, nivel de las unidades del conjunto de frases. Sin embargo, si los morfemas funcionan en el habla sólo dentro de la palabra, y la palabra es imposible sin los morfemas, al igual que el morfema sin fonemas o la oración sin palabras, entonces no todas las oraciones contienen fraseologismos y no todos los textos pueden ser segmentados por los conjuntos de frases.

Tal como se demuestra desde el punto de la estilística del habla, se puede proponer esta secuencia de los niveles: nivel gráfico, nivel sonoro, nivel léxico, nivel sintáctico, y de manera opcional: nivel de los medios estilísticos, nivel de las imágenes, nivel de los tipos de exposición, nivel textual.

Es importante subrayar una analogía entre las unidades de distintos niveles y el concepto matemático de multitud. Al igual que en las matemáticas, el continuum sigue siendo continuum, aun si contiene nada más un elemento (además de que son posibles multitudes vacías), en la lengua la palabra puede contener

solamente un morfema y la oración sólo una palabra, y, respecti-
vamente, el texto puede contener una oración.

La definición del texto más apropiada para la estilística de percepción es "el conjunto de las oraciones ordenadas de una manera determinada y unidas por una tarea comunicativa común"
(Yeyguer, Yujt; 1974). Sin embargo, esta definición necesita una
aclaración: se supone el conjunto no vacío.

La aseveración, que a veces se puede escuchar, de que el texto
debe contener por lo menos dos palabras es ilógica: el texto
como la unidad operacional (comunicativa) no puede segmen-
tarse directamente en las palabras, el texto se segmenta en oraciones. La cantidad de las unidades que forman el texto no es relevante para su definición. Es relevante el punto de vista de Michael Holliday que considera que el texto está formado por las
oraciones, cuya cantidad n no puede ser menor, pero puede ser
cualquiera vez mayor que 1 (n≥1). En la teoría de Holliday

> *el texto es una unidad operacional de la lengua al igual que la
> oración es su unidad sintáctica; puede ser escrito u oral; incluye
> como el tipo específico el texto literario-artístico, sea haikú o la
> épica de Homero. El objeto de la investigación estilística es ( ) el
> texto y no un conjunto de frases, el texto es un concepto funcional-
> semántico y no se determina por el tamaño (1974, p.107).*

De esta manera, Holliday da respuestas a varias de las preguntas
arriba planteadas, y, principalmente, si es indispensable la forma
escrita para la presentación del texto. En efecto, la forma escrita
se encuentra con más frecuencia, pero no es indispensable. No
sólo la épica de Homero sino cualquier canción popular, aun antes de que fuera anotada por un folklorista, ha poseído gran cantidad de los rasgos textuales característicos – información, coherencia, carácter comunicativo, etc. La idea de que el tamaño del
texto no puede servir de criterio para distinción de un texto de no
texto es cada vez más aceptada y se confirma por los trabajos dedicados a los medios de comunicación masiva, por ejemplo, la

publicidad. En la literatura artística los textos que contienen una sola oración no son raros.

A pesar de que, para la definición del texto y para distinguir el texto de no texto, el tamaño no se toma en cuenta y no es relevante, pero tiene mucha importancia para la clasificación de los textos por los géneros y formas literarias. Por ejemplo, el componente importante de los dichos y los proverbios es su forma corta – casi todos los proverbios están compuestos por una sola oración. La novela, al contrario, se caracteriza como la forma grande del género épico que se distingue por el volumen más grande en comparación con otros géneros.

Como se sabe, en la poesía uno de los parámetros más significativos es no sólo la métrica sino también la cantidad de los versos. Además, este valor cuantitativo está relacionado con el contenido. Por ejemplo, en la poesía antigua se solía utilizar la forma aforística de un verso, así llamado monoverso. Una de las formas más conocidas en la poesía son dos versos en los que se manifiestan de forma figurada las ideas filosóficas, éticas, etc. También la forma tradicional japonesa, haikú, se utiliza en las literaturas en las lenguas europeas:

LA CARTA
Busco en vano en la carta
de adiós irremediable,
la huella de una lágrima... (José Juan Tablada).

Se puede mencionar varios tipos de la poesía mundial (rubaí persas, tankas japoneses, etc.) que tienen sus propias características formales. Para la literatura en castellano una de las formas más utilizadas fue el soneto que obligatoriamente contenía 14 versos además de que la cantidad de sílabas también era reglamentada.

Así se ve que la cantidad es uno de los parámetros importantes para la tipología dentro de los textos artísticos, pero no permite separar el texto de no texto.

Hay que prestar atención a la relación de la lingüística del texto y la semántica, sintáctica y pragmática. En los términos de la semiótica la lengua se estudia en estas tres dimensiones, donde la semántica se ocupa de la relación entre el signo y el significado, la sintáctica – relación de los signos entre sí y la pragmática, en su relación con las personas que utilizan estos signos. En los trabajos académicos se subraya que en la teoría del texto interactúan estos tres aspectos.

La semántica se toma en cuenta en los estudios del texto ya que el texto es la realización lingüística de una cierta situación real o imaginaria en el mundo exterior y se correlaciona con la realidad interior realizando el proceso de su conocimiento. Este aspecto es inseparable de la sintáctica ya que el texto es la integración de los componentes de signos fonéticos, morfológicos y léxicos y sus unidades se interpretan no por sí solas sino en la correlación e interactuación con otras unidades – en el contexto.

El aspecto pragmático forma parte de la teoría del texto ya que el texto es la unidad básica de la comunicación y además de la función de la transmisión de la información objetivo-lógica, posee la función de la transmisión expresivo-valorativa y otra información pragmática y, por consiguiente, desempeña la función estética. Por fin, la dimensión pragmática se determina por el plan comunicativo del emisor del texto realizando la estrategia de la comunicación entre el emisor y el receptor de la información.

También, desde el punto de vista semiótico, pero en la interpretación más amplia, estudia el texto Yury Lotman (1970, pp. 11, 29). Comprende el arte como un lenguaje organizado de una manera peculiar y la lengua para él es un determinado sistema ordenado que sirve de medio de comunicación y que utiliza signos. Las obras de arte son mensajes en esta lengua y se llaman textos. Los textos para Lotman y su escuela son cualquier obra de arte: poemas, cuadros, sinfonías, conjuntos arquitectónicos. Cabe señalar que el mismo término se utiliza en varias áreas científicas con los significados parecidos, pero no idénticos, dependiendo de los objetivos de la ciencia que lo utiliza. Ya que no todos los

mensajes verbales son artísticos y no todos los artísticos son verbales, hay que subrayar que la multitud de los textos artístico-li-
terarios forma parte del cruce de los textos verbales y artísticos.

Por consiguiente, los elementos de la multitud que nos interesa
(textos a interpretar) poseen las peculiaridades de los mensajes
informativos (teoría de la información) de los textos en general
(semiótica), de los textos artísticos (estética), de los textos verbales (lingüística) y de los textos poéticos (poética).

Siendo destinado el texto literario no sólo para la transmisión
de la información sino también para su almacenamiento, se representa como una unidad coherente, terminada, que posee la
idea artística y estética.

Al igual que la palabra en el habla tiene su carácter independiente, específico, terminado (significado, forma morfológica,
etc.), el texto se destaca entre toda la multitud de los enunciados
por la integridad de su estructura, por la idea central de su contenido. De esta manera, el texto, al igual que otras unidades del habla, se caracteriza tanto por su integridad e independencia como
por su relación con otras unidades. La decisión si el texto está terminado o no es tomada por su autor. Publicando la obra, el autor
informa al lector si considera el mensaje terminado o tiene la intención de continuarlo, para ello existe la fórmula "continuará"
(de este carácter es la novela de Manuel Payno *Los bandidos del
Río Frío* que se publicaba por entregas en un periódico o se supone que éste fuera el carácter de *Como agua para chocolate* de
Laura Esquivel cuyo subtítulo explicativo dice que es "una novela
de entregas" y así la autora termina cada uno de los doce capítu-
los con esta fórmula: "continuará").

Ya se ha mencionado que la estilística de percepción, en comparación con otros métodos analíticos, presta atención más que
nada a lo que está dicho en el texto y no a lo que, posiblemente,
el autor habrá querido decir y que no siempre logra realizar su
intención. De aquí el carácter formal de la estilística de percepción. Sin embargo, la cuestión de la integridad del texto o de su
parcialidad depende solamente del autor de la obra. El factor

principal constituyente del texto es su destinación comunicativa, es decir, su esencia pragmática porque el texto está destinado para la influencia emotiva y estética en aquellos a quienes está dirigido, y lo pragmático para la filología es el funcionamiento de las unidades lingüísticas en su relación con los participantes del acto de comunicación. La integridad interior del texto y su carácter de la idea expresa terminada, que aseguran el cumplimiento del objetivo principal de transmisión y almacenamiento de la información en el texto, se crean por medio de su coherencia lógica, temática, estructural y otra vez pragmática.

Al igual que a todos los niveles de la lengua, el significado de lo íntegro no es solamente la simple suma de los significados de sus componentes; el carácter idiomático del texto es mucho más complejo que de otras unidades. La integridad interior del texto se percibe por el lector del mismo texto, se asegura por tres tipos de relaciones entre sus unidades, es decir: relaciones paradigmáticas, sintagmáticas e integrativas.

Las relaciones paradigmáticas son relaciones no lineales que unen las unidades de un mismo nivel y tienen carácter asociativo. Las relaciones sintagmáticas también unen las unidades del mismo nivel, pero están basadas en el carácter lineal del texto, en la secuencia de las unidades. Las relaciones integrativas unen las unidades de niveles diferentes y "la unidad es considerada distintiva para un nivel si puede ser identificada como parte de la unidad del nivel superior, cuyo integrante se hace" (Beneviste; 1991, p.135). El apoyo principal para descubrir la integridad y coherencia interior del texto el lector lo recibe de los significados que se repiten en el texto que constituyen su red temática. La repetición de los significados se manifiesta en la repetición de los semas, palabras y en la repetición temática.

Las relaciones del carácter léxico pueden ser sinonímicas, hiponímicas, antonímicas, pueden crearse por medio de las connotaciones emocionales, valorativas o funcional-estilísticas. Pueden repetirse imágenes, símbolos, temas, escenas, etc. La coherencia que se manifiesta por los medios léxicos se organiza con ayuda de los medios sintácticos.

Así, respondiendo a las preguntas y cuestiones planteadas al principio del párrafo: el texto literario-artístico, que es objeto de la estilística de decodificación, es un mensaje verbal que transmite por el canal de la literatura o del folclor la información objetivo-lógica, estética, imaginativa, emocional y valorativa, unida dentro del contenido del texto en un complejo íntegro. La característica principal del texto es comunicativa-funcional; el texto sirve para la transmisión y almacenamiento de la información y para la influencia en la personalidad del receptor de la información. Los rasgos más importantes de cualquier texto (no sólo artístico) son su carácter informativo, integridad y coherencia. El texto puede ser escrito u oral (folclor). El tamaño del texto puede variar y depende del autor, género y otros factores. Dentro de los límites de la literatura artística el tamaño del texto y su segmentación pueden ser reglamentados por el género literario. En la coherencia del texto juegan un papel importante distintos tipos de exposición que producen el efecto expresivo, emocional y estético. El factor constituyente es la tarea comunicativa, es decir, la decisión del emisor del mensaje o, con otras palabras, el aspecto pragmático.

Capítulo 3.
Nociones claves de
la estilística de percepción

Es necesario distinguir dos direcciones o tipos del análisis del discurso artístico dentro de los cuales además son posibles otras variantes. En el primer tipo se destaca hipotéticamente la idea principal o el tema de lo íntegro (puede establecerse de diferentes maneras), después se destacan las partes léxicas, sintácticas, morfológicas y fonéticas del texto que permiten comprobar, aclarar, cambiar o, incluso, negar la hipótesis de partida, en este caso la hipótesis es cambiada por la nueva y el proceso se repite.

Otro método está basado en la dirección inversa: la atención se centra en alguna peculiaridad formal que salta a la vista, por ejemplo, la repetición de alguna palabra o grupo de palabras, metáfora, un orden de palabras inesperado, grupo de las oraciones monotípicas, por ejemplo, exclamativas, cambio de la métrica del verso o del ritmo de la narración, etc.

Después de descubrir tal peculiaridad, el analista busca su explicación, comparándola con otras peculiaridades y con el contexto, comprueba si esta exposición está sostenida por otras formas peculiares y, por fin, formula la idea principal y el tema. Luego, esta peculiaridad, que atrajo la atención, se analiza desde el punto de vista de su lugar en lo íntegro artístico.

Los dos tipos del análisis deben descubrir la unión del contenido y la forma, lo entero y sus partes, pero en el primer tipo el punto de partida del círculo filológico es el contenido general, y en el segundo - los detalles y la forma. Si en el primer tipo del análisis nos limitamos con el contenido social, moral, político o filosófico del texto, el análisis puede ser estudiado como crítica literaria, sin embargo, no será estilístico.

Por otro lado, el puro análisis lingüístico no será literario ni estilístico. Así estos dos tipos no se excluyen, sino pueden y deben complementarse.

No obstante, el análisis totalmente formal o totalmente basado en el contenido no se refiere a la estilística de percepción y por separado no presenta interés por ahora. Se puede ver que los dos tipos del análisis están estrechamente ligados con el contexto. Para la interpretación estilística el concepto del contexto es básico. Todos los tipos de exposición de la información importante en el texto y su carácter expresivo están basados en la correlación de los elementos entre sí y con la estructura de lo entero. El análisis de la predictividad de los elementos también está relacionado con la noción del contexto.

3.1 Contexto

La teoría del contexto está basada en la tesis de que el texto no es una simple composición lineal de las palabras. Este método de la transmisión de la información sería ineficiente. El texto es una estructura con su organización interna cuyos elementos son significativos no sólo por sí mismos sino también en sus relaciones con otros elementos, inclusive con los elementos extratextuales, con la realidad extralingüística, con la situación.

Hay que establecer, primero, el concepto lingüístico del contexto. Los trabajos esenciales sobre la teoría del contexto lingüístico han sido realizados por los científicos de Londres (escuela de John Rupert Firth) y en Leningrado (San-Petersburgo) (escuela de Natalia Amosova). La esencia del contexto tal como la elaboró Amosova (1968) es la siguiente: la polisemia y la homonimia, propias para el léxico de la lengua, se eliminan en el habla gracias al contexto y la situación discursiva. En esta teoría la situación no forma parte del contexto.

El contexto es una conexión de la palabra con su indicador que se encuentra en la relación directa o indirecta sintáctica con la palabra actualizante. Amosova marca el contexto por los límites de la oración, aunque posteriormente sus discípulos sacaron el contexto fuera de los límites de la oración. El contexto puede ser permanente y eventual, léxico y gramatical (sintáctico, morfológico y mixto).

El indicador es un mínimo indicativo que permite establecer cuál de los significados posibles de la palabra polisémica se tiene en cuenta. La teoría contextológica de Amosova presupone la coincidencia de los códigos del emisor y el receptor del discurso y la discreción semántica de la palabra, es decir la existencia en las palabras polisémicas tal estructura semántica en la cual el continuo léxico se segmenta en las variantes léxico-semánticas. Esta simplificación es justificada en el caso del análisis del discurso puramente lingüístico, pero en el análisis estilístico no sería suficiente ya que los códigos del autor y del lector en realidad nunca coinciden, la palabra en la obra artística obtiene "modos mayores del significado" (término de Boris Larin) que no poseen el diccionario, sino que surgen en el texto.

La situación, en la teoría de Amosova, son las condiciones extralingüísticas que también desempeñan funciones de la indicación en los significados posibles del uso de la palabra. Se distinguen la situación vital y la situación textual. La situación vital está formada por la demostración directa. La situación textual se subdivide en la descripción textual de la situación vital y el tema general del texto.

El componente significativo de la teoría del contexto estilístico es la teoría de la posición fuerte. El medio más eficaz de detener la atención del lector en los momentos importantes del significado y en las agregaciones combinatorias del significado es su colocación en la posición fuerte, es decir en el lugar en el texto donde estos elementos son más visibles sicológicamente. Estas posiciones fuertes son el comienzo y el final del texto o de su parte (capítulo, verso, etc.).

El comienzo puede ser el título de la obra, epígrafe opcional y el prólogo y las primeras líneas o los primeros párrafos. El título es una parte esencial del estímulo inicial del pronóstico probable y la elaboración de la estrategia de la percepción. En conjunto con otros elementos del comienzo, permite dar apoyo para el pronóstico del posible círculo de los temas y de las imágenes y crea la atmósfera para entender lo entero.

La primera línea de un poema da impulso al género, tamaño, ritmo, tema, a veces también a la imagen central y a la actitud del autor hacia lo que escribe. La relación en la colocación en las posiciones fuertes es el factor importante de la integridad del texto, y su contenido se hace claro interactuando con el resto del texto que de esta manera funciona como un sistema adaptativo. La transición de la teoría del contexto lingüístico a la teoría del contexto estilístico son los trabajos de Riffaterre y Lotman. Riffaterre (1971) comprende el estilo como la distinción y marcación de los elementos más importantes del significado en el texto (*Language express and style stress*), el contexto en su teoría es visto desde el punto de vista de la codificación y de la decodificación de la información artística.

En el proceso de lectura el lector siempre pierde mucho de lo que contiene el texto y reconstruyendo lo entero a veces completa incorrectamente lo omitido. El escritor debe dirigir el proceso de la decodificación y para eso la codificación debe estar organizada de manera que la atención se detenga en los momentos más importantes del significado. Esta idea sirve de base del concepto del contexto y del método estilístico en la teoría de Riffaterre. El fragmento del texto interrumpido por la aparición de un elemento de la predictividad baja, por algo inesperado o secundario, es el contexto estilístico. Se organiza por la oposición del método estilístico y de sus circunstancias.

Riffaterre ve el contexto no como medio que ayuda a comprender el significado de algún elemento sino como el elemento junto con el medio. El efecto del medio estilístico para Riffaterre está condicionado no por la desviación de la norma lingüística sino de la norma de este mensaje dado.

En los trabajos de Lotman el mecanismo de la aparición de nuevos significados y connotaciones complementarias en las palabras del texto artístico es la secuencia de los conceptos de Jakobson. Las principales fuerzas en este mecanismo son las relaciones entre los elementos cercanos y correlacionados sintácticamente pero no semejantes y las relaciones entre los elementos que se repiten y que son algo equivalentes y que pueden ubicarse tanto cerca como distanciados. Según Arnold (2002, p.71),

la función del contexto estilístico no consiste en quitar la polisemia (es función del contexto lingüístico) sino, al contrario, en agregar nuevos significados, crear agregaciones combinatorias del significado. El contexto estilístico permite realizar simultáneamente dos o más significados de las palabras, crear connotaciones complementarias y por medio de otras vías crear la compresión de la información y de esta manera asegurar la eficacia máxima de la transmisión.

El objeto del análisis estilístico es el texto entero, íntegro. Sus elementos o sus partes actúan junto con otros elementos o partes de este mismo o de otros niveles y con el texto en su totalidad de tal manera que se crea no el mínimo indicador como en la contextología sino, al contrario, el máximo de las relaciones posibles.

3.2 Cuantitación

Hablando de la productividad de la aplicación de la teoría de la información para la resolución de los problemas de la estilística de decodificación, es necesario detenerse en el concepto de la cuantitación.

La esencia de este concepto consiste en lo siguiente: de la realidad que nos rodea estamos recibiendo permanentemente la información; en este continuo podemos destacar unas unidades separadas – los cuantos cuya cantidad en total representa el continuo. La cuantitación en la teoría de la información es la sustitución de la función continua por el conjunto de sus significados discretos calculados a partir de los intervalos determinados que se seleccionan conforme la precisión determinada de la reproducción de la función. La función reflejada por la sucesión de los significados discretos es la cuantitación. El intervalo entre dos niveles vecinos de la cuantitación produce el paso de cuantitación. Si los significados discretos están seleccionados correctamente, los cuantos de la información permiten juzgar sobre la función en su totalidad. Es decir, si la cuantitación se realiza teniendo en cuenta las particularidades espectrales de la función, entonces, a pesar de que se transmiten sólo sus significados discretos, la función puede ser reproducida por el receptor con toda precisión.

Arnold en su trabajo (2002, p. 45) demuestra la posibilidad del estudio general, a partir del concepto de la cuantitación, de la transmisión en la literatura de los rasgos típicos de la realidad con ayuda de determinadas imágenes artísticas y figuras retóricas; transmisión que necesita del lector toda la independencia de la percepción. Arnold, una de las fundadoras de la estilística de decodificación en la URSS, introdujo este concepto de la cuantitación por medio de la analogía de la literatura y la teoría de la información. Basándonos en su trabajo, trataremos de describir cómo este concepto puede ser útil para el análisis del texto artístico-literario. Es curioso, pero ya en los primeros trabajos de la cibernética la esencia de la señal discreta se explica a base de los ejemplos lingüísticos y literarios. En estos trabajos los autores, estudiando la señal discreta, explican la cuantitación a nivel del léxico en un texto escrito. En el surgimiento de la señal sucede lo mismo que sucede con una novela gruesa cuando la "interpretan" en las lenguas extranjeras para una lectura más fácil. También se puede comparar la cuantitación con una conferencia telefónica que, bajo las condiciones determinadas, pude representarse como el conjunto de los valores discretos. Esta condición fue formulada matemáticamente por Vladimir Kotelnikov. En 1933 Kotelnikov estableció que las funciones con el espectro limitado poseen una peculiaridad destacable: realización del proceso casual determinada en el intervalo -∞<1>+∞ y que posee el espectro limitado por el campo de frecuencias (O, Fc) que está determinado por la secuencia de los significados discretos en los puntos igualmente distanciados entre sí en el intervalo de tiempo ⊠ t= 1/2 Fc (Jarkevich A.; 1955, p. 24).

De esta manera, seleccionando correctamente los puntos de cuantitación de los significados momentáneos del valor Fc que cambia permanentemente, pero está limitado, se puede asegurar la precisión necesaria de la transmisión. Jarkevich (1955, p. 24) la explica de la siguiente manera:

Cualquier curva se determina en el intervalo final por la cantidad interminable de los puntos, y para formar la curva hay que saber todos sus puntos. La propia curva, que representa la función con el espectro limitado, puede ser formada en el intervalo final de la cantidad final de los puntos.

Aquí surge la pregunta: si en el teorema de Kotelnikov se trata del lado cuantitativo de la señal, ¿cómo determinarla en un sistema tan complejo como el texto literario? La estilística está interesada en los lados del texto que todavía no se han elaborado cuantitativamente; las investigaciones estadísticas de la estilística existentes estudian sólo una pequeña parte de la problemática. Esta pregunta es totalmente válida.

Sin embargo, hay que destacar que en esta etapa inicial no se trata de los métodos formalizados de la valoración cuantitativa de la información sino de la descripción del rasgo propio de los procesos de información en la literatura (cuantitación), de la comprensión de su naturaleza y sus principios del funcionamiento. La suposición sobre el carácter discreto de las señales en todos los niveles de la estructura del mensaje es la idealización de sus peculiaridades. Sin embargo, no se puede olvidar que cualquier modelización sólo se aproxima a la verdadera naturaleza de los fenómenos destacando en ellos sólo los rasgos esenciales para poder resolver el problema planteado. El teorema de Kotelnikov nos da la imagen general y nos ayuda a penetrar más profundamente en el objeto de estudio.

Se debe destacar que en la teoría de los sistemas automatizados el enfoque idealizado en la explicación de la esencia física de la descripción matemática se utiliza muy ampliamente. En la teoría de estos sistemas la transformación de las señales continua en la discreta, es decir la cuantitación puede ser estudiada bien

como algo que sucede en realidad, bien realizarse empírica-
mente. Además, el teorema de Kotelnikov tiene no sólo el sentido técnico sino también filosófico ya que nos presta un modelo
matemático de la unidad dialéctica de las oposiciones: la continua y la discreta.

¿Cómo se representa la cuantitación en la literatura? ¿Cómo
se correlacionan la cuantitación y el principio de la unidad del
texto artístico? Los principios formulados por Kotelnikov son
justos para los actos de comunicación verbal y los textos literarios
en particular ya que la transmisión por estos canales también se
caracteriza por la limitación del espectro estando limitada por el
grado de la percepción humana.

La importancia del problema de la cuantitación (claro, sin utilizar el propio término) se sentía por los escritores y por los críticos literarios hace mucho tiempo. Esta cuestión se ha investigado
principalmente en aplicación a la teoría de la imagen artística.
Por ejemplo, uno de los máximos representantes de la teoría literaria, el académico ruso Vladímir Vinogradov (1971, p. 39) men-
ciona que:

*No se puede aplicar a los cuentos de A. Chejov la fiase trivial "pe-
dazo de la vida" porque el pedazo se corta de algo entero, y leyén-
dolo tenemos la sensación totalmente opuesta: un escenario
grande que usted ve a través de la palma de la mano y de los de-
dos: se ve solamente una parte de él, pero usted sabe que la acción
se desarrolla también en otros lugares que nosotros no vemos.*

Asimismo, el verdadero artista comprende el intervalo de la correlación de los cuantos determinados: en lugar de un flujo continuo de las impresiones de una noche de la luna llena, que representaría el continuo, el autor utiliza dos cuantos: el brillo del cristal y la sombra de alguien. No es necesario explicar que el cristal
brilla en la luz de la luna y que la sombra de alguien aparece en la
noche, el lector entenderá del contexto. Además, tal cuantitación
continua aburriría a cualquier lector.

Cabe recordar la propuesta de Jarkevich de determinar el valor de la información como la posibilidad de lograr el objetivo (en nuestro caso crear el cuadro de una noche de la luna llena) como resultado de obtener la información (Jarkevich; 1955, p. 24). En el paso más grande de la cuantitación el lector está más activo que durante la lectura de las obras con el paso más pequeño de la cuantitación. A los críticos y teóricos de la literatura les interesaba no la impresión del lector sino el método en sí, es decir todo se estudiaba desde el punto de vista del emisor de la información.

En 1923 el filólogo ruso Boris Larin recordó que en la estilística no se puede olvidar la integridad del texto artístico y subrayaba que solamente de lo íntegro pueden ser entendidos correctamente la sugestividad y la alusión (Larin; 1974). Sin embargo, el problema de la alusión, de la cual escribía Larin, no atraía la atención de los investigadores posteriores. Entre tanto, la obra artística influye en el lector no sólo por medio de las imágenes, analogías, contrastes, etc., sino que exige que el lector a base de estas imágenes, contrastes, analogías, etc., complemente y restablezca lo que está omitido o lo que se supone en la obra.

El lector, según la teoría de la información, desempeña el papel de filtro de las frecuencias inferiores. Además, Larin hace casi un siglo planteó otro problema muy importante sobre las agregaciones combinadas del significado, destacando que el significado agregado puede surgir no sólo de lo comparado sino también de lo omitido o de la alusión. Las agregaciones combinadas del significado son posibles, según él, dentro de una frase, párrafo, capítulo o de una novela entera.

Para el estudio de la percepción por el lector en la estilística todo esto tiene mucha importancia. En efecto, la actividad principal por la reconstrucción de la información faltante es necesaria para el receptor de la información no sólo a nivel superior semántico sino también léxico, morfológico y fonético. El oyente, por ejemplo, distingue los fonemas que le permiten construir palabras, pero subconscientemente selecciona algunos fenómenos acústicos que compara con los ejemplos que tiene en la memoria, los identifica y los transforma creando de esta manera la base para pasar al siguiente nivel, léxico, donde también se realiza la comparación con los ejemplos que tiene en su vocabulario. Todos estos procesos no se realizan consecutivamente sino en la interacción. El sistema de la resolución de las decisiones que toma el lector o el oyente es la estrategia de la decodificación.

Tanto el oyente como el lector siempre tienen que corregir las diferencias que surgen entre la señal recibida y los ejemplos que tienen en su disposición. Pueden ser, por ejemplo, las interferencias cuando el oyente comprende correctamente los enunciados orales alterados por los defectos del habla o por las faltas del conocimiento de la lengua, o el lector comprende bien el texto donde abundan las erratas tipográficas. Estos casos no presentan interés alguno para la estilística, pero las agregaciones combinatorias, al contrario, sí lo presentan.

En cuanto a la uniformidad de la cuantitación, en la técnica ésta puede ser tanto uniforme como no uniforme. En la literatura son posibles solamente las últimas ya que en la literatura la cuantitación es principalmente no uniforme. El tiempo artístico, espacio, acontecimientos, conversaciones y pensamientos de los personajes están distribuidos en el texto de manera no uniforme. En algunos momentos del texto la narración se presenta con el paso de cuantitación más grande, en otros, al contrario, más pequeño. Ninguna novela o ninguna obra literaria contienen todas las acciones del personaje, todos los paisajes que lo rodean, interiores, circunstancias, etc. La cuantitación siempre está presente en la literatura, pero su carácter siempre es distinto.

3.3 Intertextualidad

Con el concepto del contexto también están relacionadas las cuestiones de la intertextualidad. Bajo este término comprendemos la inclusión en el texto de otros textos enteros con otros sujetos del discurso, o bien, sus fragmentos como citas, reminiscencias y alusiones. La aportación significativa en el desarrollo de la teoría de la intertextualidad son las ideas de Bajtin (1975) sobre "la palabra ajena", "palabra de dos voces", desarrolladas posteriormente por Julia Kristeva y otros científicos.

Durante los últimos tiempos los problemas de la intertextualidad se han elaborado muy intensamente, sin embargo, muchos de ellos se han quedado sin resolver. Una de las causas de falta del desarrollo de la teoría de la intertextualidad como problema de composición estilística es gran cantidad de tamaños, formas y funciones de las inclusiones de la otra voz. El rasgo común de estas inclusiones es el cambio de los sujetos del discurso: el autor puede ceder la palabra a otro autor real y citarlo en el texto o en el epígrafe, o también puede incluir sus propias poesías mencionando al personaje como autor de estas obras, etc.

Otra causa de falta del desarrollo de este problema es una complejidad y diversidad de las modalidades de las funciones e implicaciones: valorativas, caracterológicas, de composición y de ideas. Las implicaciones pueden estar relacionadas con el hecho de que cada palabra ajena está influenciada o llena de las ideas ajenas hacia las cuales el autor tiene la actitud de respeto o ironía.

Para Bajtin cada texto es un diálogo (le gusta mucho esta palabra). El diálogo, según él, consiste en que cada enunciado puede ser visto muy ampliamente como una respuesta a todos los enunciados anteriores dentro de la misma esfera lo que, claro está, está justificado no sólo para los textos artísticos sino, sobre todo, para los científicos. Este diálogo está relacionado con el hecho de que la unidad real de la comunicación discursiva es el enunciado cuyo límite es el cambio de los sujetos discursivos, es decir, el cambio de los hablantes o de los que escriben. La forma más simple es un diálogo real con sus cambios de las réplicas, se presenta en la novela, por ejemplo, en una forma más compleja: un diálogo entre los personajes, los tratos directos del escritor al lector, inclusión de las cartas, diarios y otras composiciones de los personajes, etc.

El fundamento de la percepción de la palabra artística es el diálogo entre el escritor y el lector, cuyo entendimiento artístico está basado en su cultura de éste, en el contenido de su tesauro, su personalidad y la realidad que lo rodea. Entender quiere decir relacionar con su tesauro. El tesauro, en el significado más amplio de la palabra, es el conjunto de los conocimientos que posee una persona, y en el sentido más específico es el vocabulario que refleja estos conocimientos y la experiencia vital. El tesauro asociativo de la persona es el método de la organización de todos los datos sobre el mundo en la conciencia, basado en la experiencia de las generaciones anteriores y teniendo en cuenta las relaciones entre ellas. El tesauro de la persona crece permanentemente conforme el surgimiento de las nuevas relaciones asociativas.

Para la presentación ilustrativa de la intertextualidad hay que remitirse a la idea del campo óptico. En la física el campo es un espacio en el cual funciona una fuerza o fuerzas, y el campo óptico es un espacio en el cual se pueden ver los objetos a través de una lente. Esta lente para nosotros puede ser una cita en el texto, es decir, la inclusión intencional de las palabras ajenas en el texto. Lo que verá el lector a través de esta lente depende del contexto primario de donde fue prestada la cita y del contexto en el cual está colocada, en qué medida está marcada y transformada formal y semánticamente; todo esto está relacionado con el tesauro del receptor y depende de su capacidad de ser lector.

Es necesario detenerse en dos tipos de las inclusiones y ordenarlas de tal modo cómo las puede encontrar el lector. Lo primero que puede estar es el título de cita. Estos títulos son más frecuentes de lo que puede parecerse. La fuente de estas citas puede ser distinta: los proverbios y dichos populares, la Biblia, otras obras, etc. Se puede mencionar sólo algunas de tantas obras que han utilizado este tipo de títulos: Como agua para chocolate de Laura Esquivel, Al filo del agua de Agustín Yáñez, etc.

El epígrafe es otro tipo de las inclusiones de cita, el más estudiado y el más específico. Si los títulos de cita son algo excepcional, el epígrafe es una cita por su determinación. Sus relaciones informativas son distintas: puede aclarar el título, remite al contexto del cual fue sacado y al contexto que introduce, etc. Junto con el título de la obra el epígrafe ocupa la posición fuerte del principio, pero a diferencia del título, el epígrafe es opcional lo que refuerza la informatividad.

Tanto el título como el epígrafe son inclusiones metatextuales ya que no están incluidas en el propio texto, aunque influyen significativamente en su percepción e interpretación.

3.4 Función estilística

La estilística utiliza los datos de la lexicología, gramática, fonética, semasiología, fraseología, etc. Sin embargo, a diferencia de estas disciplinas filológicas, la estilística no se ocupa de los elementos de la lengua como tales sino de su potencial expresivo en el contexto, su función estilística que consiste en el potencial expresivo de la correlación de los medios lingüísticos en el texto. Asegura la transmisión tanto del contenido del texto, como de la información expresiva, emocional, valorativa y estética que contiene el texto. Mientras las demás ramas lingüísticas estudian todo el sistema de los medios lingüísticos de cada nivel correspondiente en general, la estilística estudia sus cualidades expresivas, su funcionamiento y su correlación en el proceso de la transmisión de la idea y sentimiento en un texto y, por consiguiente, su influencia en el lector. En este caso se tiene en cuenta la personalidad del lector además de su pensamiento lógico. Puede parecer que el concepto de función es polisémico en la lingüística.

En efecto, la relación referencial de estos conceptos es distinta. No obstante, aquí se trata de que el término función es una palabra de amplio significado que requiere aclaraciones en estas conjunciones terminológicas. La invariante de todos sus empleos sería el concepto de la destinación y dependencia de carácter del uso de tal o cual elemento en el sistema de lo íntegro, es decir, relaciones integrativas.

Entre las múltiples definiciones del término la más acertada es la del científico estadounidense Holliday (1974) que comprende la función como el papel que tales o cuales clases de palabras desempeñan dentro de la estructura de un nivel superior.

Esta definición tan amplia permite incluir todos los significados mencionados de la palabra función, como, por ejemplo, función comunicativa, fática, emotiva, etc. Las funciones de la lengua o función sintáctica, por ejemplo, de la palabra o de una clase de palabras dentro de la estructura de lo íntegro, o la función estilística caracterológica de un léxico específico en la característica de un personaje tampoco contradicen a esta definición.

En el concepto matemático la función es la dependencia de unos valores de los otros. Este enfoque tampoco contradice al ya mencionado. En este sentido la función estilística es una dependencia entre la información del segundo tipo y los elementos estructurales del texto. Para poder imaginarse la función estilística desde el punto de vista estético-filosófico, recordemos que el estilo no es un conjunto de los métodos sino el reflejo en el mensaje de la percepción de la realidad, la visión imaginativa del mundo y el pensamiento crítico inseparable de la valoración emocional. La función estilística parte del concepto del estilo, aceptado en la estilística de percepción como expresión de la información del segundo tipo.

Las connotaciones emocionales, expresivas (de imagen, sobre todo) y valorativas de las unidades lingüísticas juegan el papel significativo en la realización de la función estilística. Todavía no existe una clasificación satisfactoria de las funciones estilísticas en la literatura. La mayoría de los autores distinguen las funciones caracterológica, descriptiva, emotiva y valorativa.

Estudiando la función estilística de los medios lingüísticos en el aspecto pragmático, se toman en cuenta las emociones y relaciones que el autor transmite al lector, la expresión de la actitud del emisor hacia el contenido del mensaje, hacia el interlocutor (receptor), hacia sí mismo, hacia la situación, y la valoración del ambiente que lo rodea, es decir, todo lo que pertenece al segundo tipo de la información que contiene el mensaje. Los sentimientos transmitidos pueden ser de cualquier índole: desprecio, respeto, admiración, enfado, irritación, etc. El ambiente de la comunicación puede ser íntimo, oficial, etc. El autor se puede percibir a sí mismo y presentarse ante el lector como alguien que sabe y entiende todo o, por lo contrario, narrar sólo lo que ha visto en realidad y destacar la limitación de los datos que posee, etc.

Vale destacar que no existe una relación directa entre los medios o recursos estilísticos y las funciones estilísticas ya que los recursos estilísticos dentro del contexto pueden desempeñar varias relaciones entre sí. Por ejemplo, la inversión dependiendo del contexto puede crear tanto el carácter solemne en el texto como la actitud irónica, paródica. La hipérbole podría ser trágica o cómica, patética o grotesca, etc. No obstante, como asegura Arnold, hay que tener en cuenta algunas peculiaridades más importantes de la función estilística (Arnold; 2002, p. 85).

La primera peculiaridad es la acumulación que consiste en que un mismo motivo, un mismo afecto o sentimiento, si tienen importancia dentro del texto, se transmiten paralelamente por medio de varios recursos lo que refuerza y dirige la atención del lector. Esta acumulación se llama también exposición de tipo de convergencia.

La segunda particularidad de la función estilística consiste en que esta redundancia puede realizarse tanto en la implicación textual como en el intríngulis ya que la función estilística puede apoyarse en las connotaciones, asociaciones e implicaciones de las palabras o de las formas.

La tercera peculiaridad es la capacidad de la irradiación, característica inversa a la primera: un enunciado largo puede contener sólo una o dos palabras elevadas y, a raíz de esto, sonar sublime toda la frase, y al revés, una palabra vulgar puede dar matiz vulgar y brusco a un fragmento grande del texto.

Estudiando "la aplicación de los hechos de la lengua a la tarea artística" (frase de Zhirmunsky; 1977, p. 434) es necesario prestar atención al uso de las connotaciones estilísticas usuales, es decir la correlación del léxico con tal o cual estilo funcional. La connotación estilística usual, que también se denomina como el matiz estilístico, aparecen las palabras que tienen el campo de uso típico: el campo que se asocia con ellas y les atribuye este matiz.

La connotación estilística usual depende de la diferenciación de la lengua en los subsistemas lingüísticos, así llamados estilos funcionales o sublenguas especiales. El matiz funcional-estilístico no debe confundirse con la función estilística. El primero pertenece a la lengua y la segunda al texto o al lenguaje particular artístico de un texto.

A diferencia de la connotación estilística, la función estilística no tiene naturaleza usual sino contextual. Los medios estilísticos que participan en ella ayudan al lector a comprender y destacar lo esencial en el texto, es decir, sirven de defensa de la comprensión incorrecta. La función estilística asegura la comunicación e impide las interferencias y obstáculos en el proceso del análisis y decodificación. La palabra con el matiz estilístico usual obtiene la función estilística fuera del campo de su uso normal comparándose con otro léxico. Es importante limitar la función estilística de los recursos estilísticos que son figuras retóricas tradicionales o tropos. Los tropos son palabras o construcciones léxicas que se emplean en los sentidos figurados: metáforas, metonimias, sinécdoques, etc., que están descritas detalladamente en la mayoría de los trabajos dedicados a la retórica y poética. Además, los recursos estilísticos son también las figuras sintácticas y estilísticas que aumentan la emotividad y expresividad del enunciado a cuenta del orden sintáctico inusual: repeticiones de varios tipos, inversiones, paralelismo, gradación, unidades sintácticas conjuntivas, elipse, contrariedades, etc.

Otro grupo de los recursos estilísticos está constituido por los medios fonéticos: aliteraciones, asonancias, onomatopeya y otras formas de la organización sonora. El recurso estilístico está limitado normalmente por un nivel, pero existen varios niveles: los tropos son característicos para el léxico, las figuras - para la sintaxis, organización sonora para el nivel sonoro. La función estilística pertenece a los niveles superiores, pero está formada por la interactuación y correlación de distintos niveles mencionados.

En fin, se nota que el problema de la teoría filológica de la función estilística apenas está a nivel del inicio de investigaciones, sin embargo, su necesidad se observa en cualquier tipo del análisis filológico (sea semiótico, lingüístico, literario) ya que precisamente la función estilística se tiene en cuenta cuando se mencionan las frases tipo "el autor quiere decir" o "se trata de…".

3.5 Recursos expresivos de la lengua y medios estilísticos. Norma y desviación de la norma

Muchos de los conceptos y términos de la estilística son prestados de la retórica y han cambiado poco durante el tiempo. Sin embargo, las opiniones sobre el objetivo, contenido y fines de la estilística, como lo notó Yuri Skrebniov, son diversos y en la mayoría de los casos resultan incompatibles (Skrebniov; 1975, p. 3). Esto se explica por las relaciones que tiene la estilística con otras áreas de la filología y por la diversidad de sus aplicaciones posibles, además, por cierta inercia de los conceptos anticuados.

El análisis del lenguaje de las obras artísticas desde hace mucho se realiza teniendo en cuenta la división de los medios o recursos estilísticos en medios figurativos y expresivos. Los medios figurativos de la lengua son todos los tipos del uso figurado de las palabras, construcciones, fonemas, etc., unidos bajo el término de los tropos. Los medios figurativos sirven para la descripción y principalmente son léxicos. Los medios expresivos o figuras del habla no crean imágenes sino aumentan la expresividad del habla y refuerzan su emotividad con ayuda de las construcciones sintácticas, sobre todo: inversión, pregunta retórica, construcciones paralelas, contraste, etc.

En la etapa actual de la estilística estos términos se conservan, pero el nivel logrado por la lingüística y teoría literaria permite darles nuevas interpretaciones. Se suele destacar el carácter paradigmático de los medios figurativos ya que están basados en las asociaciones de las palabras y construcciones seleccionadas por el autor con otros, cercanos por su significado y por eso potencialmente posibles, pero no presentados en el texto.

Los medios expresivos no son paradigmáticos sino sintagmáticos porque están basados en la colocación lineal de las partes y su efecto depende precisamente de su posición (de esto habla Arnold; 2002, p. 89). La división de los medios estilísticos en figurativos y expresivos es condicional porque los medios figurativos, es decir los tropos, también son capaces de desempeñar el papel expresivo y viceversa.

Además de esta división en los medios figurativos y expresivos también hay que considerar la división de los medios expresivos de la lengua en neutrales, expresivos y propiamente estilísticos: los recursos. Ilya Galperin comprende como los recursos estilísticos "el reforzamiento consiente y motivado de algún rasgo típico estructural y/o semántico de la unidad lingüística (neutral o expresiva) que logra la generalización y tipización y de esta manera llega a ser modelo de partida" (Galperin; 1977, p. 29-30).

A la par de los medios lingüísticos figurativos y expresivos hay que mencionar también los medios estilísticos temáticos. "El tema es el reflejo en la obra literaria del fragmento de la realidad seleccionado" (Arnold; 2002, p. 89). La selección del tema está relacionada con la tarea artística (o el objetivo artístico) y, por consiguiente, posee su función estilística y es el medio de la influencia en el lector y el reflejo de la percepción de la realidad por parte del autor. Cada movimiento literario prefiere un conjunto de temas. Por ejemplo, el sentimentalismo prefiere temas rurales, naturaleza, muerte, humillación de los débiles e indefensos. Los temas de horrores, locuras, relaciones amorosas prohibidas, bajezas humanas son característicos para el existencialismo.

Los medios figurativos y expresivos en la estilística de decodificación se estudian solamente en su relación con lo íntegro artístico como su parte inseparable. Cada elemento del texto literario influye en el lector no por separado sino en su totalidad incluyendo el micro y macro contexto. El descubrimiento y enumeración de los medios estilísticos presentes en el texto por sí solos no lleva a nada sino en el conjunto con otros recursos que ayudan a analizar e interpretar el contenido del texto.

En la filología actual ha surgido un nuevo enfoque de las cuestiones de la interpretación de los medios expresivos en la literatura artística que se apoya en los nuevos principios científicos. La clasificación detallada de los medios elaborada anteriormente se conserva, pero pasa a ocupar el lugar auxiliar. La estilística se ocupa del efecto de la selección y empleo de los medios lingüísticos en distintas condiciones de la comunicación, así hemos supuesto la posibilidad de tal selección y elección, es decir, la existencia de la sinonimia que permite transmitir por medio de varios recursos el mismo mensaje, y resulta que el cambio de la selección de los medios influye significativamente en la información del segundo tipo.

Estas posibilidades están relacionadas con la frecuencia de las unidades lingüísticas, su variedad. Las observaciones comprueban que la sustitución situacional del significado tradicional por su equivalente más raro permite el aumento de la expresividad. Cualquier tipo de tropos - metáfora, metonimia, sinécdoque, hipérbole, ironía, etc. - está basado precisamente en la sustitución del significado tradicional por el situacional.

El problema de la desviación de la norma es una de las cuestiones centrales de la estilística, de la poética, retórica, y hay demasiadas opiniones acerca de esta cuestión. A veces dicen que el efecto estilístico depende más que nada de las desviaciones y que "la misma esencia del lenguaje poético consiste en la violación de las normas" (Cohen; 1966, p. 48).

Otros, por el contrario, aseguran que el placer estético depende de la orden y que el efecto estético puede ser creado por las obras privadas de los tropos y figuras del lenguaje, escritas con el principio de la autología, es decir el uso en un texto poético de las palabras solamente en su significado directo, y que la ausencia de los métodos también es un método estilístico en sí. Esencialmente la verdad consiste en la unidad de estas dos contrariedades. Las desviaciones de la norma, acumulándose, crean la nueva norma con otros significados quizá, y esta nueva norma puede ser cambiada en futuro.

Para poder imaginarse cómo suele suceder esto es necesario ver los lados lingüístico y sicológico del problema. En la lingüística se considera que en la lengua existen los valores constantes y alternativos. Los primeros son los que forman la base de la estructura de la lengua y las reglas que existen a todos sus niveles. Su violación no puede crear significados complementarios, sólo crea el desorden y el absurdo. Por ejemplo, el orden de los morfemas en la palabra está reglamentado, y el prefijo no puede colocarse al final de la palabra. También el lugar del artículo en relación con el sustantivo, adjetivo con sustantivo, etc.

Por otro lado, existen reglas que permiten la variedad y ésta aporta los significados complementarios. Por ejemplo, existe el orden de las palabras directo, pero también existen en español las posibilidades de cambiar este orden que dan el efecto estilístico al enunciado. Estos valores serán alternativos.

Las desviaciones de la norma pueden tener lugar en cualquier nivel: gráfico, fonético, léxico, morfológico, sintáctico, a nivel de las imágenes, argumento, etc. Arnold para este fin propone el término de trasposición, es decir,

> *el uso de las palabras y formas con los significados inusuales para ellos y/o con la correlación subjetiva inusual. Las trasposiciones se manifiestan en la violación de las relaciones interiores que crea las connotaciones complementarias de valoración, emotividad, expresividad o correlación estilística, y también en la complicación semántica del significado léxico. Este fenómeno también se llama metáfora gramatical (Arnold; 2002, p. 93).*

Sobre la naturaleza estática de la función estilística escribían muchos científicos, pero no se debe olvidar de que para el estudio estático de un fenómeno son necesarios los términos para la comparación. La filología obtiene estos valores promedios para los fines comunicativos a través los valores promedios de la elaboración estática de los textos de distintos géneros (poesía, drama, periódico, libro de cocina, texto jurídico, texto de ciencias naturales). Pero el lector a nivel de lo subconsciente tiene un modelo estático más fino (la idea de Doležel; 1973).

Lotman, destacando este mismo fenómeno, le da otra explicación, de que el arte, para poder influir artísticamente, debe correlacionar con la realidad, pero sin ser su equivalente, es decir, para que el arte literario se perciba como arte, debe diferenciarse del lenguaje práctico y coloquial. Todos los elementos de la obra artística son elementos significativos. Formando parte de su estructura íntegra estos elementos están relacionados por un sistema complejo de relaciones, comparaciones y contradicciones, que son imposibles en una construcción lingüística coloquial, y eso les da el significado complementario (Lotman; 1964).

Entonces, los problemas de la correlación norma / desviación de la norma se resuelven por la estilística de decodificación como parte del cambio del código bajo la influencia del mensaje en forma de la violación de las limitaciones impuestas sobre el código, lo que permite transmitir la información estilística, es decir, las connotaciones y jerarquías de los significados.

El lector puede valorar correctamente estas violaciones de la norma ya que cada persona que domina esta lengua también domina las variedades posibles. Las investigaciones de la tipología de las desviaciones cuantitativas y calificativas demuestran que estas desviaciones pueden tener lugar no sólo en los fragmentos pequeños, como, por ejemplo, en el caso de los tropos, sino también abarcar todo el texto o sus grandes partes asegurando su coherencia y el acabado estructural-significativo, es decir, asegura la unidad de la forma y del contenido a nivel textual. Para estos tipos de la organización textual, siguiendo la escuela de la estilística de percepción de Irina Arnold, se utiliza el concepto de la exposición.

3.6 Tipos de la exposición

El conjunto de los recursos expresivos, o figuras retóricas y medios estilísticos, han sido estudiados desde los tiempos de los sofistas y de Aristóteles. La aceptación de los medios estilísticos como el nivel superior de la interpretación del texto refleja el conocimiento por el tipo del estudio de los elementos separados. Son los niveles preestructural y presistemático del análisis del texto. Para la descripción del texto como una unidad íntegra son necesarios los principios más anchos por su funcionamiento. La estilística de percepción en calidad de estos principios propone el concepto de la exposición (Arnold; 2002, p.99). Muchos autores independientemente unos de los otros han elaborado estos principios, pero en la estilística de percepción estas ideas están sistematizadas y unidas como un nivel particular, más alto que el nivel de los medios estilísticos. Este fenómeno consiste en destacar formalmente lo esencial en el contenido.

Como indica Arnold, "la exposición son los métodos de la organización formal del texto que enfocan la atención del lector en los elementos determinados del mensaje y que establecen las relaciones relevantes semánticas entre los elementos de uno o, con más frecuencia, de varios niveles" (Arnold; 2002, p. 99). Las funciones generales de los tipos de exposición consisten en lo siguiente:

1. Establecen la jerarquía de los significados y elementos dentro del texto, es decir, exponen al primer plano las partes más esenciales del mensaje.

2. Aseguran la coherencia e integridad del texto y al mismo tiempo segmentan el texto haciéndolo más cómodo para la percepción, y establecen las relaciones entre las partes del texto y entre el texto íntegro y sus partes.

3. Protegen el mensaje de las interferencias y facilitan la decodificación creando el orden de la información gracias al cual el lector puede descifrar los elementos del código antes desconocidos para él.

4. La exposición forma el contexto estético y realiza una serie de las funciones significativas, una de las cuales, además de las ya enumeradas, es la expresividad. Bajo el término de la expresividad comprendemos la peculiaridad del texto o de una parte del texto que transmite el significado con la intensidad aumentada y tiene como resultado el reforzamiento emocional o lógico que puede ser figurativo o no (Arnold; 2002, p. 99).

La jerarquía puede verse como una de las formas de la ordenación del texto. La ordenación del texto no sólo demuestra la jerarquía, también crea el efecto estético, facilita la percepción y la memorización, ayuda a eliminar las interferencias y obstáculos en la conexión, es decir, asegura el máximo de la señal en un mínimo de tiempo.

Los tipos más importantes y más estudiados de la exposición son acoplamiento, convergencia y la expectativa rota. Por separado estos tipos han sido descritos por diferentes autores: acoplamiento por Levin, convergencia por Riffaterre, efecto de la expectativa rota por Jakobson, etc. A continuación, se presenta cada uno de estos tipos de la exposición.

La convergencia es la coincidencia en un mismo lugar de varios recursos estilísticos. Este "nudo" estilístico emite la señal que no puede pasar inadvertida o discreta. Así, la convergencia es uno de los medios más importantes en contra de las interferencias que podrían influir en el mensaje.

El término y el concepto de la convergencia fueron introducidos por Riffaterre (1959). Las convergencias son interesantes no sólo porque destacan lo más esencial en el texto sino también porque a base de la conexión inversa pueden servir de criterio de la presencia de la significación estilística de tales o cuales elementos del texto.

El filólogo canadiense Herman Northrop Frye (2013) demostró que cuando los críticos de la literatura citan las obras, ellos prefieren para estas citas precisamente los fragmentos con las convergencias. También dijo que la comparación de las traducciones puede servir del rasgo objetivo de la presencia de la convergencia ya que en los lugares de la convergencia se descubren las diferencias más grandes e importantes entre la traducción y el original.

La protección del mensaje de los obstáculos durante la convergencia está basada en el fenómeno de la redundancia. La redundancia es un valor que caracteriza la imagen del mensaje por medio de mayor cantidad de signos que cuando no hay obstáculos o interferencias. Todas las lenguas naturales poseen esta redundancia (alcanza 50% o más) pero en el texto artístico, además de la redundancia que es inevitable en cualquier mensaje, se agrega la redundancia que aumenta a la expresividad, emotividad y la impresión estética creadas por el texto.

Otro concepto importante es el acoplamiento introducido por Levin ("coupling") y elaborado por él para la poesía (Levin; 1962, pp. 9, 30-41, 49-50). El acoplamiento para la estilística de percepción es la aparición de los elementos semejantes en las posiciones semejantes que comunican la integridad al texto. La importancia de este concepto consiste en la ayuda del descubrimiento del carácter y esencia de la unión de la forma y del contenido en la obra literaria en general pasando de la decodificación a nivel del significado de las formas individuales hacia el descubrimiento de la estructura y el sentido de lo íntegro, admitiendo la generalización de los grandes segmentos de este íntegro. El acoplamiento se manifiesta en cualquier nivel y en los fragmentos del texto distintos por su tamaño. En la paradigmática la semejanza de los elementos puede ser fonética, estructural o semántica. La semejanza de las posiciones es una categoría sintagmática y puede tener la naturaleza sintáctica o basarse en el lugar del elemento en la cadena del habla o en la estructura del texto.

Otro tipo de la exposición que tiene gran importancia para el análisis del texto vía estilística de percepción es efecto de la expectativa rota que se basa en lo inesperado o rompimiento de la expectativa, concepto introducido por Jakobson (1987). La esencia de este efecto consiste en lo siguiente: la linealidad e interrupción del habla significa que la aparición de cada elemento está preparada por el anterior y el que aparece también prepara la aparición del siguiente. El lector ya lo está esperando. Es decir, lo posterior está dado en lo anterior. En este tipo de relación los traspasos de un elemento hacia el otro son casi invisibles, la conciencia como si deslizara sobre la información percibida. Sin embargo, si en este fondo aparecen los elementos de poca probabilidad, surge rompimiento de la linealidad que funciona como un empujón: lo no preparado e inesperado crea la resistencia a la percepción, la superación de esto exige el esfuerzo por parte del lector y por eso influye en éste con más intensidad. En la estilística actual este principio fue elaborado por Jakobson y Riffaterre quien propuso el modelo *del principio de la expectativa rota* (*"Expectancy Violation Effect"*):

> *En la cadena del habla el estímulo del efecto estilístico – contraste – consiste en los elementos de baja predicción codificados por uno o más componentes en comparación con otros componentes que forman el contexto y crean el contraste... solamente este cambio puede aclarar por qué la misma unidad lingüística obtiene, cambia o pierde su efecto estilístico dependiendo de su posición (y también por qué no toda desviación de la norma da el efecto estilístico). En los elementos de la predicción baja la decodificación se pone más lenta y eso hace fijarse más en la forma. (Riffaterre; 1959, pp. 207-208)*

La *expectativa rota* se encuentra en cualquier área del arte y en cualquiera de sus movimientos o corrientes, y en la lingüística en cualquiera de los niveles de la lengua. En el léxico pueden ser las palabras raras: arcaísmos, préstamos, neologismos, palabras con el matiz específico, o las palabras con una función sintáctica inusual para ellas, perífrasis, oxímoron, etc. Para la comprensión de este fenómeno puede ser útil el conocimiento de la teoría de la información que dice que cada canal contiene interferencias capaces de crear hasta la pérdida de la señal. Para localizar esta señal dentro de las interferencias se necesita introducir los códigos complementarios. El cambio del significante situacional en relación con el significante tradicional y la introducción de la señal distinta de la esperada aseguran la resistencia, protegen el mensaje y ayuda al receptor a localizarlo. Varios lingüistas han escrito sobre la *expectativa rota* (además de Jakobson y Riffaterre se encuentran Fowler, 1967 y Leech, 1969, etc.), pero no existen trabajos de carácter generalizado acerca de este tema y mucho en esta fenómeno queda inexplicado. No está claro el límite de la *expectativa rota* y otras desviaciones de la predicción, etc., pero se están realizando estas investigaciones y es indiscutible la importancia de este fenómeno para la estilística y el análisis del texto.

3.7 Teoría de las imágenes

La imagen es el recurso básico de la generalización de la realidad, el signo de la correlación objetiva de las emociones y la forma peculiar de la conciencia social. En el sentido más amplio, la imagen es el reflejo del mundo exterior en la conciencia. La imagen artística, como una de las formas de reflejo de la realidad, es parte de la teoría del reflejo; la especificidad de la imagen artística consiste en que el hombre, conociendo y percibiendo la realidad, al mismo tiempo transmite una actitud hacia lo reflejado.

Las funciones básicas de la imagen artística son cognitiva, comunicativa, estética y educativa. La estructura de las imágenes determina el sentimiento y la actitud del receptor de la obra artística, crea y organiza las fuerzas de la cognición del mundo y el lugar del hombre en este mundo.

La naturaleza figurativa del arte puede estudiarse como informativa. El rasgo más importante de la imagen consiste en "el reflejo del mundo en el proceso de su contemplación práctica" (Teoría de la literatura; 1962). Dicho de otra manera, la imagen es un cierto modelo de la realidad que restablece la información obtenida de la misma. La fidelidad de los reflejos se garantiza por el principio de la conexión inversa.

Al surgir como el reflejo de la vida, la imagen se desarrolla conforme con sus particularidades reales. Reflejando el mundo y materializándose en el texto, la imagen se separa y se aleja del artista y por si misma se vuelve hecho de la realidad. Ya que la imagen no posee su propio contenido apartado e independiente de la forma, entonces, si no corresponde a los hechos de la vida, esto salta a la vista y el artista lo corrige de acuerdo con la realidad objetiva.

La acción psicológica de la imagen en el arte está basada en que esta reproduce en la conciencia las sensaciones e impresiones pasadas, atrayendo los recuerdos sobre las sensaciones visuales, emotivas, auditivas, táctiles, etc., obtenidas de la experiencia y relacionadas con las sensaciones sicológicas. Todo esto permite que la impresión de lector de la obra literaria sea viva y concreta y la información artística obtenida en este caso se hace un proceso activo. Vale recordar que en la psicología la imagen es una obra psíquica, es decir, la memoria de las sensaciones pasadas y no siempre visuales.

El rasgo esencial de la imagen es su surgimiento en el proceso del reflejo y reproducción del mundo. De este rasgo salen los demás, los más importantes: lo concreto y la emotividad. Las imágenes crean la posibilidad de transmitir al lector la visión del mundo que está concluida en el texto y que es propia al héroe lírico (protagonista que coincide con el autor: la primera persona), al autor o a su personaje y que los caracteriza. A las imágenes les pertenece, por eso, la posición clave en la elaboración de las ideas y temas de la obra. Durante la interpretación del texto estas ideas y temas se estudian como los elementos esenciales dentro de la estructura de lo íntegro.

Por ejemplo, se puede mencionar los tropos que son uno de los tipos de la realización lingüística de las imágenes en la obra literaria, aunque también hay otras posibilidades. La imagen más clara está basada en el uso de la semejanza entre dos objetos o fenómenos lejanos y muy poco parecidos entre sí. Los objetos deben ser demasiado lejanos para que su comparación sea inesperada, atraiga la atención y para que los rasgos de las diferencias hagan sombra de la semejanza.

Cabe subrayar la equivocación de la idea metodológica de que las imágenes en una obra literaria (sobre todo en la narrativa) son solamente los personajes. No obstante, las imágenes

pueden estar relacionadas con naturaleza, paisajes, acontecimientos, interiores, etc., sin mencionar, además, que el paisaje en
este caso tiene su propia tarea y puede ser objeto de estudio. En
la obra el paisaje con mayor frecuencia juega el papel del fondo o
hasta fuente de las emociones. La reproducción mental de los
paisajes o hechos de la naturaleza, que antes ya habían provocado
alguna emoción, pueden volver a levanta las mismas emociones.
El paisaje puede corresponder al estado de ánimo del personaje
o, al contrario, ser su contraste. Y otro rasgo importante del paisaje es su influencia personal en cada lector - cada receptor del
mensaje percibe los paisajes según su experiencia personal, que
también puede crear el contraste entre las emociones o estados
anímicos del autor, personaje y lector. Los objetos de la descripción figurativa y los temas que ésos representan forman parte de
la característica importante de la obra ya que demuestran en qué
está centrada la atención. En el proceso del estudio del sistema
de las imágenes en tal o cual obra se establece ante todo el círculo
o cuadro de temas e ideas alrededor de los cuales se concentran
las imágenes y cuál es su función estilística.

La imagen puede ser descriptiva o simbólica. El símbolo, por
consiguiente, es una imagen particular que suele servir para la expresión de los conceptos e ideas más importantes: símbolos de
paz, de amistad, de fidelidad, muerte, victoria, etc. En la obra literaria el símbolo destaca algunas ideas básicas y por eso suele
repetirse resumiendo los lados importantes de la realidad
uniendo varios planos del sistema de correlaciones (para la estilística de decodificación, por ejemplo, los nombres propios que
utilizan los autores para destacar la realidad existente o el carácter del héroe o, incluso, la actitud del autor hacia su obra y sus
personajes son símbolos). Según Wellek (1963, p.236), "el símbolo desempeña no sólo el papel auxiliar, sustituyendo algo, sino
merece atención por sí mismo".

Las funciones particulares de las imágenes fueron determinadas por Ullman (1968, pp. 229-238) en sus trabajos. Enumera
siguientes funciones fundamentales:

1. Resaltar de los temas importantes;
2. Descubrimiento de la motivación de los acontecimientos y los comportamientos;
3. Transmisión de la actitud emocional, valorativa (juicios de valor) y expresiva;
4. Realización de las ideas filosóficas;
5. Realización de las emociones que no pueden ser expresadas por medio de las palabras.

Las imágenes están relacionadas con el segundo tipo de la información ya que esta está vinculada con las características subjetivas de los participantes de la comunicación y su valoración del sujeto del discurso, su actitud hacia esto. Para que la imagen lleve alguna información al lector, el proceso de la percepción debe incluir la experiencia estética y social del lector. El sistema de las imágenes de cada época es un cierto código cuyo conocimiento es necesario para la percepción de la obra (por ejemplo, es por eso que un lector poco preparado y contemporáneo percibe con dificultades las obras de Sor Juana en cuyas obras la imagen ocupa el lugar primordial y sin saber entender y, a veces, descifrar esta imagen, la lectura resulta "vacía" y sin éxito).

Para concluir esta breve revisión de las imágenes en la obra artística, sería interesante comparar la naturaleza semiológica de la palabra y la imagen, destacando lo común que merece la atención en su funcionamiento contextual. El significado de la imagen se realiza en relación con las particularidades de la palabra que la expresa. Bajo el concepto del significado léxico contextual de la palabra se comprende la realización de un concepto en el discurso, concepto o expresión de alguna emoción, o la indicción a los objetos de la realidad por medio de los recursos de determinado sistema lingüístico. El complejo lingüístico del significado contextual depende, entre otras causas, de la unión en él de los significados denotativo y connotativo. Este último es optativo y puede incluir las connotaciones emocional, valorativa, expresiva y funcional. Todas las connotaciones pueden encontrarse en una misa palabra o en varias construcciones y locuciones, también pueden ser usuales y ocasionales. La base de todas las funciones de la imagen enumeradas y sus peculiaridades se encuentra en su naturaleza semiológica. La imagen, al igual que la palabra, puede segmentase en el significante y el significado, tener el significado denotativo y connotativo. Al igual que la palabra, la imagen realiza su significado en el contexto. Pero a diferencia de la palabra donde las connotaciones son optativas y pueden encontrarse en cualesquier combinaciones, la imagen siempre se distingue por su expresividad y a menudo por la emotividad y el carácter valorativo.

Capítulo 4.
Análisis del cuento "Entonces" de Mario Calderón

Para el ejemplo del análisis estilístico, basado en la teoría de la percepción, fue escogido el cuento *Entonces* del libro *Destino y otras ficciones* de Mario Calderón.

El cuento fue escrito y publicado a finales de los años 90. La obra atrajo la atención no por ser la más interesante (todo el libro así es), ni por ser el más complicado ni sencillo, sino por presentar más alternativas para poder realizar el análisis como ilustración de la aplicación de la estilística de decodificación y sus posibilidades filológicas para poder ser herramienta en la interpretación de un texto literario.

Siguiendo los ejemplos metodológicos de muchos filólogos (Greimas, Prada, Arnold, Ullman, etc.), el análisis se mostrará de manera esquemática, suponiendo, vale repetir, que esta presentación es puramente metodológico-ilustrativa como camino para llegar a la conclusión crítica acerca de la obra literaria (en este caso Entonces de Mario Calderón).

Mario Calderón (1951, Timbinal, Guanajuato, México), filólogo y sicoanalítico literario, narrador y, ante todo, poeta, empezó su arte literaria a partir de la creación de la poesía (*Después del sueño, Viaje a la otra parte del mundo, Trueno del temporal* entre otros) y en 2001 publicó su primera selección de cuentos *Destino y otras ficciones* (que ya ha tenido 3 ediciones), a la que siguió otro libro, de profundo lirismo y sentimentalismo, mexicanidad y el sentido del amor hacia su tierra natal, Guanajuato en particular y México en general, *Donde el águila se paró* (edición de la Universidad Autónoma de Chapingo). Mario Calderón, empezando con la poesía, supo aplicar su talento artístico en el campo de la narración. Según el propio autor, "la poesía permitió... una especie de disciplina para que las palabras queden exactamente en su lugar que les corresponde" (Entrevista de Mario Calderón

a García Bermejo, "El Financiero", 2 de diciembre de 1998). Este
libro está unido bajo el concepto del autor, según el cual

> *la vida diaria es como una novela, y entonces el hombre tiene que*
> *aprender a leerla. Sobre todo, el lenguaje de los símbolos del in-*
> *consciente que ya esbozó Freud, quien a su vez se basó en la aso-*
> *ciación por analogía recomendada por Aristóteles. Una vez que el*
> *hombre es capaz de leer este lenguaje, puede interpretar sus sueños*
> *y saber cómo es internamente pues lo que está haciendo es una*
> *revisión de su pasado, pero también de su futuro; y al ver ese fu-*
> *turo existe un destino. En esta lógica, la realidad parece ficción.*
> *("La vida…", 1998)*

Es necesario tener en cuenta que el autor es partidario pleno de
esta idea y ha desarrollado sus conceptos analíticos basados en
las ideas sicológicas de Freud y Jung sobre los símbolos. Estas
ideas, desarrolladas por Mario Calderón, sirven de base no sólo
del análisis y la crítica de su obra literaria (tanto poética como
narrativa) sino también para una "simple" lectura. A pesar de que
en realidad los cuentos del libro *Destino y otras ficciones* no están
unidos por un tema o eje común ni por algún personaje en particular que pase de un cuento a otro (excepto el propio autor pero
esto lo veremos en adelante), es más, cada cuento puede leerse
por separado, en cualquier orden, incluso el tamaño de los cuentos varía desde minicuentos (*El bufón y Reencuentro*) hasta mini-
noveletas (*Si te llamaras Federico*), sin embargo, los une, como
dijo Prada (1999, p. 72) ,

> *una dualidad del mundo., la manifestación latente que es el signo*
> *que se nos presenta en la vida, y que guarda en su seno un contenido*
> *oculto: oculto, curiosamente, no en un nivel de la vida íntima de los*
> *personajes, sino en los elementos que le rodean, como conformado-*
> *res de su vida en el espacio y en el tiempo…*

A) Nivel léxico-gramatical

El léxico de la obra podría ser dividido en tres partes: neutral (gran parte del léxico), coloquial y oficial (según los estilos funcionales del lenguaje). El léxico neutral se encuentra en todos los segmentos el texto y constituye su mayor parte. Cabe indicar otros planos léxicos. En el párrafo 5 aparece la enumeración de los productos de la panadería - léxico neutral mexicanismos, aspectos de la realidad desconocidos en otras partes del habla hispana. La palabra "fuereño" (6) que también es localismo, juega el mismo papel estilístico.

A partir del párrafo 7 el plano léxico bruscamente cambia con la aparición del léxico oficial: "encomienda", "dictar", "Secretaría de Educación Pública", "descendió del autobús", cuya función estilística es mostrar el cambio de la situación del lugar de la descripción y la significación del personaje (maestro escolar). Este tipo del léxico en este lugar del texto representa el efecto de la *expectativa rota* ya que es poco probable que el cambio del estilo en el léxico pase inadvertido para el lector, al contrario, se produce cierto impacto y el lector empieza a esperar otros cambios en la trama, pero a partir de este nudo de la convergencia léxica, el estilo vuelve a ser neutral. En el párrafo 10 tropezamos con el estilo coloquial utilizado por el autor para el discurso directo.

La mayoría del léxico del cuento no contiene connotaciones expresivas salvo algunas pocas: *seduce* (1) y *pregonando* (5) - con la connotación expresiva, en primer caso casi límite con la metáfora; *coordenadas del sueño* (7) y *perder la conciencia* (7) - con la connotación expresivo-emotiva. Estos cuatro casos de la connotación léxico-semántica en este texto realizan el papel de reforzamiento de la descripción y del hecho que indican. Existen casos de la expresividad a nivel de la derivación morfológica utilizando el potencial connotativo del sufijo -it- (cuyo significado denotativo es diminutivo) en las palabras: *airecito* (1), *suavecita* (1), *calientito* (5), *mañanita* (8), *suavecita* (10). Sólo *cuerpecito* (9) en el texto está derivada para este significado diminutivo.

En estos casos la función estilística del uso de este sufijo pertenece al campo de los estilos funcionales, ya que la norma del español no recomienda el uso de estas derivaciones en la lengua sin embargo a nivel coloquial son muy frecuentes. El autor, utilizando estas formas no en el diálogo sino en la descripción (excepto el caso en el párrafo 10), nos aproxima al ambiente de la narración, al contexto social-lingüístico del cuento (el habla coloquial rural, el pueblo de Santa Ana en el estado de Michoacán, México). El uso de esas formas coloquiales y hasta locales - ya que en otros lugares del área del español no se utiliza este sufijo con esta connotación - no viola la norma lingüística sino desempeña la función estético-expresiva.

El texto presenta pocos casos de los tropos y figuras ya que no se trata de la poesía (en el sentido directo), sino del género narrativo y de una narración con elementos de descripción. El texto está escrito por el tipo de autología salvo los casos de las metáforas léxicas: *rendijas del corazón* (9no), *brazos lucían acogedores* (10), *cañones en fuego habían sido inspirados en la magnificencia de los testículos y el pene* (10). Los tres casos crean la convergencia léxico-estilística ya que las únicas metáforas están centradas en el mismo lugar del texto con el objetivo de demostrar los sentimientos del locutor hacia un personaje.

A nivel morfológico también se puede ver la función estilística y narratológica de las formas verbales. En la primera parte del texto (párrafos 1-6) todos los verbos están en el presente de indicativo, el tiempo que se utiliza para las descripciones de lugares y paisajes aun en las narraciones que se refieren al plano pasado. Es así llamado presente descriptivo (*es; llega; tiene; hacen;* etc.).

El párrafo 7 nos presenta varios cambios lingüístico-narratológicos, en este aspecto, para la narración de un hecho (la llegada del maestro) y ya que se trata de los hechos ya realizados, el autor pasa al tiempo verbal también pasado perfectivo: pretérito simple que dura hasta el párrafo 8 (*llegó; descendió; se tiró; supo* etc.).

El párrafo 9 es una descripción de hechos con elementos de narración por eso vemos aquí la predominancia de los tiempos descriptivos del plano pasado (pretérito imperfecto): *era; estaba; tenía; permanecía; se sentía.*

El párrafo 10 se interrumpe inesperadamente (otra vez el efecto de la expectativa rota) por el discurso directo del personaje que se describe a sí mismo (10, los tiempos imperfectivos: *tenían; habían sido;* etc.) y relata el hecho con la heroína del cuento (10, tiempos perfectivos: *comenzó; encontré,* etc.).

El último párrafo, 11, es narración perfectiva: *regresó; vivió,* etc. La función estilística general de esta segmentación y este uso de los tiempos verbales que utilizó el autor permite cambiar la intensidad del cuento, la duración de hechos y su lugar en la historia que se relata.

A nivel sintáctico salta a la vista la abundancia de las oraciones compuestas de todos los tipos (subordinadas, coordinadas, yuxtapuestas) lo que es típico para las narraciones y descripciones y por medio de los cuales el autor también, junto con el sistema verbal que hemos visto, utiliza para la intensidad de la narración y de la descripción, y de la sucesión de lo narrado en la obra.

B) Personajes, composición y el sistema de las imágenes

B1. Personajes.

En el cuento podemos ver solamente dos personajes: Cirilo (señorial en griego) Álvarez (hijo de atento, germánico) y Cristina (la que sigue a Cristo en latín). Los personajes son nombrados por el autor quien es partidario de la idea del significado y del simbolismo de los nombres propios en las personas. Partiendo de esta idea de Mario Calderón, podemos suponer que los nombres de estos dos personajes también son simbólicos: Cirilo Álvarez se siente muy seguro (este significado de "lo señorial" de su nombre lo vemos en lo que él mismo cuenta a sus "camaradas" y de la misma descripción de su físico) y "lo atento" se manifiesta en el comportamiento durante su estadía en Santa Ana y hasta en el propio lenguaje del protagonista ("o que yo no había querido destruir", 10). En cambio, Cristina, tal como indica su nombre, siguiendo a Cristo tal vez se convierte en algo inalcanzable, en el sueño, como el propio Cristo. Podríamos mencionar al tercer personaje del cuento, el pueblo Santa Ana, con cuya descripción inicia el cuento. Esta descripción crea el contexto de la narración, de ahí deducimos la religiosidad del pueblo, el modo de vida tradicional para cualquier pueblo católico en general y mexicano en particular, lo que impide quizá que Cirilo realizara su sueño.

B2. Composición y el sistema de las imágenes.
La composición del cuento es mixta, es decir la secuencia lineal se mezcla con el "salto" al futuro (el discurso del personaje). El cuento puede ser dividido en varios segmentos que se diferencian entre sí por varias características.

1. El pueblo (párrafos 1-6).
La detallada descripción del pueblo, del escenario de la narración, se presenta con el paso pequeño de la cuantitación lo que prácticamente no permite desarrollar la imaginación del lector. El autor por medio de esta descripción tan precisa parecida a una foto, deja entender que no es lo más esencial en la trama del cuento. Simplemente se muestra un pueblo mexicano (Santa Ana) a través de las imágenes descriptivas pero que nos preparan para el siguiente paso, así, la función de este tipo de exposición es establecer la jerarquía primaria de la secuencia de la narración, el centro de la atención del lector. Las imágenes de la primera parte (el lago de Cuitzeo, carretera, jardín, templo, mercado, las calles, la panadería, la iglesia - a cada imagen le corresponde un párrafo - constituyen una imagen más grande: del lugar del acontecimiento para cuya percepción el autor nos está preparando. Así, la función común de estas imágenes particulares de la imagen general de la primera parte es la transmisión de la actitud emocional-valorativa del autor: la acción se va a desarrollar en un lugar típico de la provincia mexicana (Michoacán, muy lejos de la capital) que lleva el nombre de una santa (Santa Ana) y, seguramente, esto debería influir en el carácter de los lugareños cuyo

lenguaje también nos está transmitiendo el autor en esta parte. Esta primera parte ni siquiera es el enlace del cuento, sería una preparación del escenario.

2. Llegada de Cirilo Álvarez (párrafo 7).
Cómo ya se ha podido observar arriba, esta parte podría considerarse clave en la narración. La exposición se manifiesta en la expectativa rota que da un giro inesperado para el lector. Se introduce el personaje de Cirilo. El autor en este espacio de 8 líneas del texto nos comunica un volumen grande de la información por medio de la cuantitación del paso grande, es decir, gracias a los medios léxico-gramaticales y estilísticos, ya se puede imaginarse de este personaje (un tipo educado, maestro, que viene a dar clases en la única preparatoria de la SEP en Santa Ana, se hospeda en un hotel, no puede dormir). También en este paso cuantitativo podemos suponer el modo de pensar de Cirilo Álvarez al momento de llegar al pueblo ya que para la narración el autor utiliza el lenguaje mixto, neutral y oficial. Esta, segunda, parte es el enlace, aquí ya aparecen los actores en el escenario.

3. Los recuerdos posteriores (párrafos 8-9).
Esta parte da la imagen física más detallada de Cirilo (de piel aceitunada, gallardo, delgado y con una agilidad cercana a la del homosexual) y la de Cristina (una muchacha de dieciséis años, rubia, que podía enloquecer a cualquier hombre verdaderamente macho, porque con un cuerpecito menudo y sus hombros descubiertos, sin hablar, provocaba una actitud de amparo). En esta parte el paso de cuantitación se detiene ya que el autor no permite al lector, como en la segunda parte, desarrollar la imaginación, sin embargo, no es tan necesario y en esto consiste la maestría del escritor. Aquí la imagen de los héroes es como un tercer personaje: con su ayuda podemos llegar a entender la motivación del hecho (esa sería la función de esta imagen de la III parte del cuento) y el momento clave (nudo) es la última frase que por sí sola también constituye una imagen (Cirilo Álvarez la miró con

tanto detenimiento que, sin darse cuenta, le permitió la entrada a través de las rendijas del corazón y todas las noches siguientes soñaba que en un huerto umbroso donde había plátanos y manzanas, él permanecía sobre la chiquilla que primero sonreía a las caricias y luego convertía el murmullo en dulce lamento). A través de este cuadro erótico el lector llega a comprender el carácter del personaje (Cirilo) por medio de esta transmisión de la actitud valorativo-expresiva por el autor.

4. El discurso del personaje (párrafo 10).

El desenlace y la idea central del cuento (el sueño y la vida son una misma ficción) se ubican en esta, cuarta parte. El autor vuelve a acelerar el paso de cuantitación dejando a juicio de cada lector sacar sus conclusiones acerca de la idea que el mismo autor tantas veces dejó entre dicho en sus obras. Esta imagen (el discurso de la I persona, de Cirilo) permite percibir (pero no necesariamente estar de acuerdo con) la idea filosófica de la vida, del propio autor a través del personaje. De la boca del mismo personaje primero nos enteramos de su edad (22 años) lo que también es inesperado para el lector. Y volvemos a la expectativa rota con la última frase del párrafo (Cuando la encontré en el Ferrocarril del Pacífico, unos años más tarde, ya carecía de gracia y comprendí que otro hombre había arrancado lo que yo no había querido destruir). Con esta frase tan inesperada en la narración, llega al final este juego que tuvo el protagonista consigo mismo (sus sueños eróticos), con Cristina (ella, disimulando, comenzó a actuar únicamente para el espectador que era yo; pero yo aún no sabía que el amor a nadie le sobra). Aquí, con esta cuarta parte del cuento el autor habría podido poner el punto final en la narración, pero sigue el final, tan inesperado como todo el cuento.

5. Regreso de Cirilo Álvarez a la ciudad (párrafo 11).

Esta parte, al igual que la primera, no forma parte del escenario, es ya la "post-narración", lo que queda en la memoria del personaje, el autor vuelve a tomar la palabra para poner el punto en el cuento. Pero a diferencia de la primera parte, aquí el autor deja sólo un cuanto, ni siquiera se puede hacer el paso, el lector saca la conclusión acerca de la idea propuesta por el autor o está de acuerdo con él (de que la vida y el sueño son una misma ficción), el protagonista, Cirilo, vivió su sueño al igual que vivió su realidad en Santa Ana. Al regresar a la ciudad y al pasar los años, se quedó la anécdota en la memoria tanto del sueño como de lo vivido en el pueblo (he aquí el título: Entonces). El autor no consideró necesario en el transcurso de la narración mencionar otros hechos de la vida de Cirilo Álvarez (y no era el propósito). Simplemente se compara un sueño (aunque erótico) con lo pasajero del paisaje y de lo ocurrido en la vida (aunque el paisaje estaba bonito).

C) Conclusión. Contenido ideo-temático de la obra
El cuento Entonces de Mario Calderón fue escrito y publicado a finales de los años 90. No obstante, la época de la creación, de la vida del autor, del acontecimiento narrado, no tiene gran importancia para este cuento.

El argumento del cuento narra acerca de un maestro escolar, Cirilo Álvarez, que llegó a un pueblo llamado Santa Ana en Michoacán, para "dictar" la clase de literatura en una preparatoria donde, al conocer a una de las alumnas, Cristina, el maestro tuvo un sueño erótico con ella. Al pasar los años, después del regreso de Cirilo a su ciudad, en la memoria se quedó muy poco tanto del pueblo como de este sueño, se quedó solamente esta anécdota del sueño. El título del cuento coincide tanto con su estructura interior como con su idea principal, pero a diferencia de muchas obras de la literatura, el título "Entonces" forma parte no sólo del inicio de la trama sino también su final lógico.

En el cuento el autor presenta una estructura no muy típica para este género: introducción-enlace-nudo-desenlace-conclusión. La primera parte nada más crea el ambiente de la narración y por si misma no lo es, es una descripción del lugar, de Santa Ana, para formar la imagen del ambiente del hecho narrado. La última parte, post-desenlace, permite al lector observar la conclusión del propio autor acerca de la vida y del sueño (son una misma ficción). Para el argumento no es importante saber si es un hecho biográfico del autor o no, sin embargo el autor comparte esta idea acerca de la vida y del sueño.

La narración se hace a partir del discurso de autor (término de la estilística de decodificación equivalente al "autor extradiegético" según las escuelas semióticas) en el cual se introduce el discurso del plano del personaje, discurso directo en forma de una parte del diálogo entre el protagonista con interlocutores, no obstante, el único interlocutor explícito del mensaje es el lector quien en el transcurso del texto queda sorprendido varias veces con lo inesperado que utiliza el autor (la llegada del maestro, el sueño, la edad del personaje y el final), lo que sería también bastante innovador para el género de cuento (basta decir que el cuento consiste solamente de 11 párrafos). La intensidad de la narración varía de parte en parte, de párrafo en párrafo lo que crea una tensión para el lector y crea la motivación para el descubrimiento de las ideas expuestas e impuestas en la obra.

Entonces es uno de los mejores cuentos de Mario Calderón ya que en él el autor supo ofrecer algo fresco y nuevo para este género, conservando al mismo tiempo las mejores tradiciones de los cuentistas.

APÉNDICE

Cuento "Entonces" de Mario Calderón

(1) Santa Ana es un pueblo de Michoacán situado en la orilla norte del lago de Cuitzeo. Si el visitante llega por el lado poniente, como quien viene de Moroleón, en la carretera siente un airecito que junto con la imagen de las garzas en los charcos y la visión de una tierra que se adivina suavecita, seduce a seguir el camino con la promesa del encuentro de algo agradable.

(2) Como la mayoría de los pueblos de México, Santa Ana tiene un jardín con cedros y laureles de la India, y un templo muy grande con una torre muy alta y vieja.

(3) El mercado está formado por ocho puestos en hilera. En ellos se vende ropa, fruta y hasta comida típica.

(4) Las calles están empedradas y de lejos producen una especie se espejismo; pero también dan una sensación de familiaridad a los rancheros que entran o salen del lugar.

(5) Hay una panadería donde se hacen novias, changos, momias y rosquetes en el mes de noviembre. Desde esa panadería, que está en el barrio de La Panacua, salen numerosos muchachos con un canasto en la cabeza, pregonando el pan calientito por todas las calles.

(6) A simple vista se observa que la gente se viste en forma conservadora y que acude constantemente a la iglesia, donde se asegura que está Dios; pero si algún fuereño penetra en el interior, sólo puede percibir un vacío concreto, una obra de arquitectura con retablos impresionantes y un imponente respeto de los habitantes que hace reflexionar en que tal vez sea verdad que ahí se encuentra Dios.

(7) A ese pueblo llegó un domingo por la tarde Cirilo Álvarez, con la encomienda de dictar la clase de literatura en la única preparatoria de la Secretaría de Educación Pública. Aquel domingo, desde que Cirilo descendió del autobús, alquiló un cuarto en un

hotel que encontró frente a la plaza; y desde las cuatro de la tarde se tiró en la cama y comenzó a dar vueltas hacia un lado y vueltas hacia el otro sin lograr perder la conciencia, porque aún no sabía las coordenadas del sueño en aquel pueblo.

(8) Según los recuerdos posteriores, Cirilo supo que al día siguiente sólo vivió una mañanita olorosa de flor de limón y el juego de dos colibríes entre las ramas de las plantas de ornato.

(9) Él era un hombre de piel aceitunada, gallardo, delgado y con una agilidad cercana a la del homosexual. Estaba acostumbrado a obtener provecho de la turbación de la gente al conocerlo; pero cuando por primera vez, en el salón de clases, Cristina irguió la cabeza, él descubrió que en sus ojos estaba el amanecer y, aunque disimuló su impresión, en adelante conservó en la memoria aquella acuarela minúscula que le sirvió como pretexto para que unos minutos después, cuando nadie lo advertía, lo observara detenidamente: ella era una muchacha de dieciséis años, rubia, que podía enloquecer a cualquier hombre verdaderamente macho, porque con un cuerpecito menudo y sus hombros descubiertos, sin hablar, provocaba una actitud de amparo. Cirilo Álvarez la miro con tanto detenimiento que, sin darse cuenta, le permitió la entrada a través de las rendijas del corazón y todas las noches siguientes soñaba que en un huerto umbroso donde había plátanos y manzanas, él permanecía sobre la chiquilla que primero sonreía a las caricias y luego convertía el murmullo en dulce lamento.

(10) La mañana siguiente se sentía alegre, liberado, y pudo sobrellevar aquella vida, según platicó a sus amigos más tarde, porque llegó a entender que el sueño y la vida son una misma ficción; pero, camaradas, entonces tenía veintidós años, mis brazos lucían acogedores, mis músculos plenos y comprendía que los cañones en fuego habían sido inspirados en la magnificencia de los testículos y el pene; y ella, caray, era una muchacha suavecita que desde mi primera mirada, disimulando, comenzó a actuar únicamente para el espectador que era yo; pero yo aún no sabía que el amor a nadie le sobra. Cuando la encontré en el Ferrocarril

del Pacífico, unos años más tarde, ya carecía de gracia y comprendí que otro hombre había arrancado lo que yo no había querido destruir.

(11) Terminó el curso, Cirilo Álvarez regresó a su ciudad y unos años después supo que de aquel tiempo sólo vivió anécdota, porque era lo único que permanecía en su memoria.

BIBLIOGRAFÍA

Amosova, Natalia. *Английская контекстология* (*Contextología inglesa*). Leningrado, LGU, 1968

Arnold, Irina.
Стилистика декодирования. Курс лекций. (*Estilística de decodificación. Curso de lecciones*). Leningrado, LGPI, 1974
Стилистика. Современный английский язык. (*Estilística. El inglés actual*). Moscú, Flinta-Nauka, 2002

Bajtín, Mijaíl. *Вопросы литературы и эстетики* (*Cuestiones sobre la literatura y la estética*). Moscú, Judozhestvennaya literatura, 1975

Bally, Charles. *Французская стилистика* (*Estilística francesa*). Moscú, Izdatelstvo Inostrannoy Literatury, 1961

Benveniste, Emile. *Problèmes de linguistique générale*, tome 1, coll. "Tel", Gallimard, Paris, 1991

Buga, Nikolay. *Основы теории связи и передачи данных* (*Fundamentos de la teoría de comunicación y transmisión de datos*). Leningrado, LVIKA, 1968

Calderón, Mario. *Destino y otras ficciones*. México, Daga Editores, 2001

Cohen, Jean. *Structure du language poétique*. Paris, Flammarion 1966

Doležel, Lubomir. *Narrative modes in Czech literature*. Toronto, University of Toronto Press, 1973

Fowler, Roger. (ed.) *Essays on Style and and Language. Linguistic and Critical Approach to Literature Style*. London, 1967

Frye, Herman Northrop. *The Stubborn Structure: Essays on Criticism and Society*. London, Routledge, 2013

Galperin, Ilya. *Stylistics*. Moscú, Vysshaya Shkola, 1977

Greimas, Algirdas. Maupassant. *La sémiotique du texte: exercices practiques*. Paris, Seuil, 1976

Gukovskiy, Grigory. *Изучение литературного произведения в школе* (Estudio de las obras literarias en la escuela). Moscú, Leningrado, Prosvescheniye, 1966

Halliday M.A.K. *Linguistic Function and Literary Style.* – In: Explorations in the Functions of Language. London, Edward Arnold, 1974

Jakobson, Roman:
Ensayos de poética. México, FCE, 1973
Работы по поэтике (Trabajos sobre la poética). Moscú, Progress, 1987

Jarkevich, Aleksandr. *Очерки общей теории связи* (Ensayos de la teoría general de información). Moscú, Gostéjizdat, 1955

Larin, Boris. *Эстетика слова и язык писателя* (La estética de la palabra y el lenguaje del escritor). Leningrado, Judozhestvennaya literatura, 1974

"La vida es como una novela que debe aprenderse a leer". Entrevista de Mario Calderón a Carmen García Bermejo. En "El Finan-ciero", miércoles 2 de diciembre de 1998

Leech, Geoffrey N. *Linguistic Guide to English Poetry.* London, Longman, 1969

Levin, Samuel R. *Linguistic Structures in Poetry.* The Hague, Mouton, 1962

Lijachov, Dmitri. *Поэтика древнерусской литературы* (La poé-tica de la literatura rusa antigua). Leningrado, Nauka, 1967

Lotman, Yury:
Анализ поэтического текста (Análisis del texto poético). Moscú, Prosveschenie, 1970
Лекции по структуральной поэтике (Lecciones de la poética estructural). Ed. 1. Tartu, Universidad de Tartu, 1964
Структура художественного текста (Estructura del texto artístico). Moscú, Iskusstvo, 1970

Prada Oropeza, Renato:
Las redes literarias. / En "La cultura en México", núm 2390, 8 de abril de 1999

Análisis e interpretación del discurso narrativo-literario. 2 to-
mos. Zacatecas, UAZ, 1993

La autonomía literaria. Función y sistema. Zacatecas, UAZ,
1989

Riffaterre, Michael:

Criteria for Style Analysis. /En "Word". Vol. 15, núm. 1, April,
1959

Essais de stylistique structurale. Paris, Flammarion, 1971

Fictional Truth. Baltimore & London, The Johns Hopkins
University Press , 1990

Semiótica (Semiótica). (colectivo de autores). Moscú, Raduga,
1983

Shannon, Claude. *Работы по теории информации и
кибернетике (Trabajos de la teoría de información y cibernética).*
Moscú, Izdatelstvo inostrannoy literatury, 1963

Shcherba, Lev. *Избранные работы по русскому языку (Trabajos
seleccionados sobre el ruso).* Moscú, MinPros, 1957

Skrebniov, Yury. *Очерк теории стилистики (Ensayo de la teoría
de la estilística).* Gorkiy, 1975

Stepanov, Georgy. *Язык. Литература. Поэтика (Lengua. Literatura. Poética).* Moscú, Nauka, 1988

Stepanov, Yury. *Французская стилистика (Estilística francesa).*
Moscú, Vysshaya shkola, 1965

Teoriya literatura (Теория литературы). (colectivo de autores).
Leningrado, Nauka, 1962

Ullmann, Stephen. *Lenguaje y estilo.* Madrid, Aguilar, 1968

Vinográdov, Vladímir:

*Стилистика, теория поэтической речи, поэтика (Estilís-
tica, teoría del lenguaje poético, poética).* Moscú, AN SSSR,
1963

*О теории художественной речи (Sobre la teoría del lenguaje
artístico).* Moscú, Vysshaya shkola, 1971

Vossler, Karl. *Filosofía del lenguaje.* Buenos Aires, Losada, 1963

Wellek, René & Warren, Austin. *Theory of Literature.* N.Y., Har-
court, *Brace and World, Inc.* 1956

Yeyguer G.V., Yujt V.L. *К построению типологии текста (Sobre la construcción de la tipología del texto)* / En "La lingüística del texto. Materiales de la conferencia científica" I parte (en ruso). Moscú, MGPIY, 1974

Zhimunsky, Viktor:

> *Теория литературы. Поэтика. Стилистика (Teoría de la literatura. Poética. Estilística)*. Leningrado, Nauka, 1977
>
> *Теория стиха (Teoría del verso)*. Leningrado, Sovetsky pisatel, 1975